KB196825

모순수업

인생을 묻는 이에게 건네는 질문과 대답 · 최인호

이 도서는 2018년 나무나무 출판사에서 출간된 〈모순수업〉의 개정판입니다.

모순 수업

인생을 묻는 이에게 건네는 질문과 대답 · 최인호

마인드큐브

차례

모순의 낯선 얼굴을 위하여…

　진리의 실체는 보거나, 만지거나, 느낄 수 있는 것이 아니다. 보이는 순간, 만져지는 순간, 느끼는 순간 진리는 이미 파괴되어 버린다. 나는 진리를 보여주고자 하는 것이 결코 아니다. 단지, 낯선 말들 뒤에 숨어서 좀처럼 모습을 드러내지 않는 그 무엇을 종교의 경계 밖으로, 이성의 권력으로부터 조금이나마 끄집어내고 싶은 것뿐이다. 이성의 비호를 받고 있는 합리적인 것들, 그것은 진리의 화려하고 견고한 궁궐이다. 하지만 궁궐 밖에는 궁궐과 비교할 수 없이 넓고 끝없이 펼쳐진 우주가 있다. 이 우주는 역설적인 것들이 벌인 축제의 장이다.

　아마도 '달'은 '직관'에 의해서만 그 모습이 드러날 수 있을 것이다. '손가락'으로는 결코 '달'에 다다를 수 없다. 하지만 손가락이 없다면 달의 존재조차도 인식할 수 없을 것이다. 그런데 그 손가락이 너무 많다. 그것이 문제다. 우리는 손가락을 잘라야 한다. 이 와중에 오히려 손가락 하나를 덧붙인 것 같아 마음이 편치 않다. 이 글이 누군가의 손가락을 자르지는 못해도, 한번쯤 자신의 손가락을 돌아보게 만드는 작은 손가락이 되기 바랄 뿐이다.

바슐라르는 "파괴자의 영혼을 가지고 있으면, 결코 자기 자신과 평화로울 수 없다. 파괴는 파괴하는 자를 파괴해야 한다."라고 말했다. 나는 나의 손가락을 자르기 위해, 나의 영혼과 무던히도 싸워왔다. 보잘것없는 그리고 합리성에 이미 젖어버린 나의 슬픈 영혼을 구하기 위하여…

최인호

모순의 숲, 길라잡이

이 책은 '책 속의 책'입니다. 모순이라는 큰 숲 속에 서로 다른 모습의 나무들과 정원이 자신만의 모습으로 가득 펼쳐져 있습니다. 하얀 자작나무를 좋아한다면 자작나무 숲으로, 장미를 사랑한다면 장미의 정원으로 먼저 가시면 됩니다. 무엇이 먼저이어야 하는 '순서'는 정해져 있지 않습니다. 자신의 마음이 가는 대로, 자신의 시간이 허락할 때마다, 그때의 자신과 어울리는 곳으로 찾아가면 됩니다.

제자와 스승의 깊고도 넓은 질문과 대답(던지기), 정답이 보이지 않는, 혹은 존재하지 않을 것 같은 나만의 통찰의 시간(되묻기) 그리고 잠시 쉬어가는 마음으로 만나도 되는 시(떠오르는 것). 하지만 세상의 모순과 정면으로 만나고 싶다면 철학과 문학이 함께하는 정원(넘어서기)을 찾아가시면 됩니다. 이제부터 '모순의 숲, 안내도'를 보여드리겠습니다. 이 지도를 보며 모순의 숲으로 천천히 들어가 보십시오. 멋진 나무와 아름다운 꽃들, 그리고 삶의 보석이 당신을 기다리고 있을 것입니다.

던지기

이 정원은 스승과 제자의 '진리'에 관한 질문과 대답으로 구성된 장입니다. 이 장에서 우리가 감상할 수 있는 부분은, 모순적인 질문과 대답 속에 우리가 깨닫지 못했던 진리가 존재하고 있다는 사실과 이런 진리는 지식을 통해 얻는 것이 아니라 단어와 문장 간의 '언어적 논리 구조'에 의해 누구든 얻을 수 있다는 것입니다. 대화 부분에서는 삶의 진리와 성찰을, 해석 부분에서는 '언어적 논리'를 맛보시면 됩니다. 이 장을 계기로 자신에게 스스로 질문해 보십시오. 내 삶의 모순은 무엇이며, 나의 욕망이 나를 폭풍우 속으로 내몬 것은 아닌지.

되묻기

이 정원은 앞 장 '던지기'의 주제와 논리 전개가 동일합니다. 따라서 질문에 답을 스스로 찾아가는 '구도의 시간'이라고 해도 좋을 듯합니다. 즉, 자신을 성찰해보는 것이 감상의 포인트입니다. 질문도 어렵고 답도 찾기 어렵겠지만, 앞 장의 주제와 '동일한 범주'라는 전제를 토대로 분석해보면 답이 보이실 겁니다. 우리가 목적을 이루기 위해 많은 고통의 단계를 거쳐야 하듯이 이 '되묻기'는 여러분의 삶을 더 강하게 만들어줄 수 있는 계단이 될 것입니다. 포기하지 마시고 끝까지, 앞 장의 '분석 논리'대로 따라가 보십시오.

떠오르는 것

이 장의 이름은 '떠오르는 것'입니다. 시 속에는 모순을 내포하고 있는 시어나 시행들이 주제와 손을 잡고 있습니다. 모순이 꽃맹아리처럼 수줍게 누군가를 기다리고 있습니다. 하지만 앞의 두 장 '던지기' '되묻기'에서 말하고 있는 주제와 '떠오르는 것'은 상통하지 않습니다. 모순이라는 큰 범주 속에서 약한 고리만으로 공존하고 있을 뿐입니다. 이 장에서는 시가 보여주고자 하는 모순이 무엇인지를 찾으려 하기보다는 그냥 자신의 영혼을 시 속에 투영하면 됩니다. 느낌이 멈춰서는 곳, 그 부분이 바로 모순이 주는 위로의 지점이기 때문입니다.

넘어서기

이 장 역시 앞의 1, 2, 3장의 주제와 서로 연결되어 있지 않습니다. 문학과 과학 그리고 예술 속에서 감춰진 '모순'이라는 다양한 얼굴을 조심스럽게 불러내고 있을 뿐입니다. '던지기'가 스승과 제자의 대화였다면, 이 장은 '세상과 나(저자)'의 대화입니다. 이 장에서는 우리의 통념을 넘어서기 위한 고단한 작업이 펼쳐집니다. '같은 것이 결코 같은 것이 아니며, 다른 것이 결코 다른 것이 아님'을 새삼 느끼게 될 것입니다. 이 장을 통해 여러분의 통념이 깨지는 소리를 듣게 된다면, '넘어서기'는 작은 속삭임이 아니라 쩌렁쩌렁한 울림으로 다가올 것입니다.

함부로 물지 마라

던지기

함부로 물지 마라

어떤 수행자가 조주 선생에게 물었다.

"어떤 것이 조주의 모습입니까?"

조주 선생은 이렇게 답했다.

"동문, 서문, 남문, 북문이다."

『벽암록』 49

통찰

함부로 물려고 덤비지 말라. 물 것을 보고 물어라. 그렇지 않다면 오히려 얻어맞을 것이니. 미친개에게는 몽둥이가 약이라고 하지 않았는가. 수행자의 눈에는 아무 것도 보이지 않는구나. 그저 자신의 먹잇감을 찾았고 그것과 한 판 싸워 보고자 하는 생각으로 눈만 붉게 충혈 되어 있구나. 조주가 자신이 물어뜯을 수 있는 대상인지 아닌지조차 분별하지 못한 채 침만 흘리고 있으니 조주의 손에 커다란 몽둥이가 보일 리 만무하다. 보름달을 보면서 아무리 짖어대도 보름달은 일그러지거나 도망가지 않는다. 더 밝게 빛날 뿐이지.

논리의 대답

수행자의 질문은 '당신은 도대체 누구인가?' 라는 것이다. 즉 '누구'라는 단어를 사용했다는 것은 조주라는 '사람'이 궁금하다는 것을 의미한다. 하지만 이에 대해 조주는 '사람'이 아닌 '사물(門)'로 답변하고 있다. 답변의 엉뚱함이 하늘을 찌른다.

그렇다면 조주는 수행자의 말을 알아듣지 못한 바보일까? 그렇지 않다면 조주는 왜 그렇게 답변했을까? 그것을 찾는 것이 이 대화의 본질에 다가가는 길이다. 먼저 수행자의 질문 속에 숨어 있는 의도나 배경을 추론해 보자. 수행자는 조주를 처음 대면하는 것인지는 몰라도, 이미 조주가 어떤 사람인지에 관해서는 풍문으로 들었음이 분명하다. 왜냐하면 수행자의 물음 속에 조주(당신)의 이름이 언급 되고 있기 때문이다. 그렇다면 수행자의 질문은 풍문으로 들은 조주와 직접 본 조주가 얼마나 같고 다른 지를 비교해 보고자 하는 의도가 깔려 있는 것이다. 그런데 수행자의 의도는 단순한 비교를 넘어 조주의 능력을 폄하하고자 하는 불순한 감정을 담고 있다. 먹잇감을 발견한 독사의 혀가 날름거리는 것과 같다. 그것은 수행자의 말 중 '어떤 것'이라는 표현 속에 드러나 있다.

두 사람의 대화는 범인들의 표면적 논리를 한참이나 벗어나 있다. 그들은 자신의 의도를 단어로 드러내기 보다는 그것을 숨긴 채 상대방을 시험하고 있다. 수행자는 하나의 질문을 던진 것 같지만 결과적으로 보면, 그는 두 가지를 질문한 셈이다. 첫 번째는 자신의 말을 이해할 수 있는가란 전제가 숨어 있다. 만약 조주가 수행자의 말을 표면 그대로 이해해서 자신의 외적인 정보들에 관해서만 말했다면 조주는 수행자에게 바로 패한 것이 된다. 두 번째는 자신이 들은 풍문 이상의 능력을 조주가 과연 가지고 있는지를 확인하고자 한 것이다. 하지만 조주의 답변은 수행자의 두 가지 질문을 가볍게 통과하면서 오히려 수행자의 불순한 감정과 의도를 단숨에 베어 버렸다. 이제 남은 것은 수행자가 조주의 비논리적인 답변을 이해해야할 차례이다. 조주라는 '사람'에 관한 질문에 '문(門)'이라는 엉뚱한 답변이 무엇을 말하고 있는지.

그럼, 수행자의 입장이 되어 조주의 답변을 해석해보자. 수행자는 '사람'에 관해 물었다. 하지만 답변은 사람이 아닌 사물로 돌아왔다. 사람과 사물, 이 두 단어가 아무런 연관성을 갖지 못한다면 조주의 답변은 비논리적인 것이 된다. 왜냐하면 논리적 관점에서 두 단어가 생명을 얻기 위해서는 범주가 서로 같아야 하기 때문이다. 그렇다면, 조주의 답변은 비논리적인 것일까? 아니다. 조주는 일반적인 공통의 범주를 넘어선, 전혀 상관성이 없어 보이는, 심지어 모순적인 관계로 비춰지는 것들을 밀접하게 연결한 '비유적 논리'를 사용한 것이다. '문'의 속성을 자신에 비유하여 말한 것으로서 '문'의 특징을 사람의 특징과 연결하지 못한다면 이것은 공허한 말장난에 불과한 것이 되어 버린다. 하지만 조주가 자신을 '문'에 비유한 것은 일반적인 논리의 범주적 단어보다 명백하게 자신을 드러내보이고 있는 것이다. 어째서 그런 것일까?

　'문'은 무엇인가? '문'이란 사람이나 동물 혹은 바람마저도 드나들 수 있게 하는 매체이다. 그런데 문은 보통 닫혀있는 경우가 대부분이다. 하지만 조주의 입장에서 문은 항상 열려 있는 상태이다. 조주는 문이 '열려 있음'을 강조하기 위해 하나가 아닌 '동, 서, 남, 북'의 네 개의 문이라고 말했다. 즉 '동, 서, 남, 북' 네 개의 문은 세상 어디로도, 무엇과도 통할 수 있다는 것을 의미한다. 곧 조주 자신은 어느 한 곳에 '갇힌 사람'이 아니라 우주 어디로든 갈 수 있으며 세상 어디에서 오는 무엇도 받아들인다는 것을 말하고 있는 것이다. 그렇다면 이것은 자신의 본질을 드러내 보이는 동시에 자신을 풍문에 근거하여 폄하하고자 하는 수행자의 어리석음에 일침을 가하는 것이다. 왜냐하면, 수행자가 조주에 관하여 풍문으로 들은 것은 사람들의 지식이나 감각이 만든 편협한 범주로서, 그들의 지식과 감각을 넘어선 조주를 결코 볼 수 없기 때문이다. 수행자도 역시 풍문으로 조주를 판단한 것이며 그 풍문조차 너무 크다고 생각한 나머지 조주를 폄하하려고 덤빈 것이다. 하지만 수행자는 풍문에 갇혀버린 자신의 초라함만 들킨 꼴이 되어 버렸다.

둘의 대화는 목숨을 건 전투다. 살기가 돈다. 하지만 수행자와 달리 조주는 평온하다. 조주가 살기가 도는 전투 속에서도 평온을 가질 수 있었던 것은, 어떤 풍문에도 흔들리지 않으며, 자신에 관한 폄하도 흘러가는 바람으로 간주할 수 있었기 때문이다. 하지만 수행자는 패전병이 되고 말았다. 전투에는 피만 흐르는 것이 아니다. 만약, 수행자가 조주의 가르침에 큰 깨달음을 얻었다면, 그 또한 미래의 승자가 될 수 있다. 하지만 자신이 패전병이라는 것조차 깨닫지 못한다면, 그는 여기 저기 물것만 찾아 떠도는 들개로 평생 살아가게 될 것이다.

되묻기

조주가 투자 선생을 찾아갔을 때의 일화다.
두 사람은 그때까지 일면식도 없었는데 조주가 투자산으로
가는 길에서 한 노인을 만나니 그가 투자였다.

"혹시 투자 선생이 아니신지?"
"나는 지금 장에 기름 팔러 가는데 사겠소?"
투자는 퉁명스레 한마디 하고 그냥 길을 갔다.
조주는 혼자 투자산의 암자로 가서 그를 기다렸다.
투자는 기름을 짜서 생활하는 검소한 수행자였다.
한참을 기다리니 장에 갔던 투자가 돌아왔다.
"사람들이 투자 투자 하길래 대단한 줄 알았더니
하찮은 기름 장수에 불과하구먼."
"그대는 기름단지에 정신이 팔려 나를 못 보았구먼."
"그럼 투자의 진면목을 보여 주시오."
"이게 기름이다. 기름 사려는가?"

답해보라

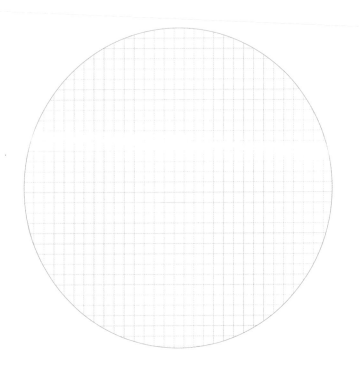

행렬

......

지나간 시간들이여,

운명한 자들이여,

나를 형성한 신들이여

그대들이 지나갔던 것처럼 나는 지나가며 살 뿐이다.

저 빈 미래로부터 눈을 돌려

나는 내 안에서 저 과거 전체가 커가는 것을 본다.

아직 존재하지 않는 것 밖에는 아무것도 죽지 않는다

빛나는 과거 곁에서 내일은 색깔이 없다

그것은 노력과 효과를 동시에 완성하고

나타내는 것 곁에서 형체마저 없다.

기욤 아폴리네르

시간과 공간

시간과 공간은 인간을 지배하는 가장 거대한 쌍둥이 기둥이다. 시간과 공간(時間과 空間)이라는 단어에서 공통적으로 보이는 것은 '사이'를 의미하는 '간(間)'이다. '사이'란 단어는 어떤 것과 어떤 것, 둘 이상의 존재를 전제로 했을 때만 형성될 수 있다. 즉, 시간은 시작과 끝을 전제로 설정한 것이며, 공간은 이곳과 저곳을 전제로 설정한 것이다. 하지만 결과적으로 볼 때 공간의 이곳과 저곳도 시작과 끝의 지점과 대응되는 것으로서 시간의 어떤 것과 동일한 것이 될 수밖에 없다. 따라서 시간과 공간은 동일한 것이 된다. 즉, 시작점과 종착점의 사이를 연결하는 보이지 않는 '무엇'이 시간이며 동시에 공간인 것이다.

아리스토텔레스와 아인슈타인은 시간과 공간을 함께 존재하는 것으로 보기는 했지만 둘이 하나라고 보지는 않았다. 그것은 시간을 볼 수 없는 비감각적인 것으로, 공간을 감각적인 것으로 환원한 후 각각에 관한 정의를 내렸기 때문이다.

보이지 않는 것을 보지 못하게 만드는 것은 '보는 행위'이다. 아리스토텔레스는 '시간'을 '공간 안에서 측정 가능한 운동'으로 보았다. 이것은 아인슈타인의 상대성 이론에서 밝힌 '시간'의 개념과 동일한 것으로서 상대성 이론보다 몇 천 년 앞선 개념이다. 아리스토텔레스가 이렇게 '시간'을 '운동'의 개념으로 볼 수 있었던 것은 시간을 볼 수 있는 기구, 예를 들어 '시계'같은 시각적인 것들이 존재하지 않았기 때문이다. 하지만 현대적 시각에서 보면 아리스토텔레스는 공간이 시간과 무관하게 절대적으로 존재하는 무엇으로 전제했다는 점이 문제로 보인다. '시간'을 보기 위해 '절대적이지도 보편적이지도 않은' 공간을 '절대적이며 보편적인 것' 것으로 감각화하여 기준으로 삼은 것이다. 아인슈타인도 동일한 문제를 가진 것으로 볼 수 있다.

뉴턴의 '시간과 공간에 관한 개념', 시간과 공간은 독립적이며 별개의 존재 양식을 가진다는 주장을 붕괴시키는 과정에서 '시간'에 관한 상대성에 역점을 둔 나머지 '공간'의 절대성을 너무나 당연한 전제로 받아들였던 것이다. 즉 절대적이고 보편적인 공간과 그곳으로부터 독립적일 수 없는 시간이 결합되어 존재한다는 '시-공간'이라는 개념을 발견해 낸 것이다. 하지만 '시-공간'에서 '-'의 의미는 '동시성' 혹은 '연결성'으로 정의될 때, 시간과 공간은 개별성을 가지게 되며 동시에 '동일성'과는 거리가 멀어지게 되는 것이다.

시간과 공간이 동일하다는 관점(입증되지 않은 저자의 관점)은 시간과 공간은 어느 한 쪽 없이는 존재할 수 없는 것임을 입증하면 될 것이다. 다시 아리스토텔레스의 '시간'에 관한 개념으로 돌아 가보자. 시간은 '공간 안에서 측정 가능한 운동'이다. 그렇다면, 시간은 '운동의 출발점과 종착점 사이의 무엇'이다. 그렇다면 공간은 어떻게 정의해야 할까? 아마도 공간은 '운동의 출발점과 종착점 사이의 거리'여야 할 것이다. 사실, '운동과 거리'는 실체가 없는, 보이지 않는 현상학적 개념일 뿐이다. 만약, 운동이 없다면 시간도 없는 것이며 그 결과 공간도 존재할 수 없는 것이 된다. 왜냐하면 공간은 운동이 존재하고 그것 사이의 거리가 형성될 때 존재할 수 있기 때문이다. 동시에 공간이 없다면, 운동이 형성될 장(場)이 없기 때문에 시간도 존재할 수 없게 된다. 결국, 시간만 존재하거나 혹은 공간만 존재할 수는 없는 것이며 이것들은 별개의 것으로 존재 가능한 그 무엇이 아닌 것이 된다.

아리스토텔레스와 아인슈타인의 또 다른 문제점을 만나보자. 시간과 공간은 지속성이나 항상성을 갖지 못하며 동시에 사람들에게 당연한 것으로, 보편적인 것으로서도 존재할 수 없다는 점이다. 위에서 언급한 시간과 공간의 개념을 토대로 본다면, 시간은 운동을 한 상내에서민 지속되고 그 이후는 정지해야 하며 계속 흐를 수 있는 것이 아니다. 즉 운동이 진행되고 있는 다른 사람들에게는 시간이 흐르고 있을지라도, 운동을 멈춘 사람에게는 더 이상 시간이 흐르고 있지 않는 것이다. 그렇다면 시간은 상대적인 것을 넘어 개별적인 동시에 단절적인 것이어야 한다. 공간도 마찬가지이다. 우리가 운동을 지속하는 시간 그리고 거리만큼만 개인에게 존재할 수 있다. 운동을 멈춘다면, 개인에게 공간은 점유될 수 없는 것이기 때문이다. 공간은 사라진 것이 아니라 멈춘 것이다. 따라서 공간은 절대적으로 그 곳에 언제나 지속적으로 항상성을 가지고 있는 것이 아니라 시간과의 관계 속에서만 확장되거나 정지되는 것이다. 즉, 시간이 팽창하면 공간도 팽창하며 반대로 시간이 줄어들면 공간도 줄어드는 것이다.

아인슈타인은 시간과 공간을 묶은 마술사였다. 하지만 지금의 관점에서 보면 그 또한 문제를 가지고 있는 마술사였다. 그것을 완벽하게 묶지 못했기 때문에 그의 눈속임은 실패로 돌아갔다. 사실 앞의 논점 - 시간과 공간의 동일성 -에 따른다면 두 개는 묶을 수 있는 별개의 것이 아니다. 또 다른 이유는 시간과 공간을 하나의 보자기 속에 묶기 위해서는 그들의 운동 방향성에 관한 범주를 같게 했어야 했다. 다시 말해, 아인슈타인은 '시간은 흐른다'라는 방향성, 즉 과거 - 현재 - 미래로의 '직선의 방향'만을 수용한 반면, 공간의 방향은 동-서-남-북의 '무 방향성 혹은 全방향성'을 사용한 것이다. 그래서 시간과 공간은 엉성하게 묶일 수밖에 없었던 것이다. 시간과 공간을 동일한 것 혹은 둘을 제대로 묶기 위해서는 '운동의 방향성'에 관한 통일이 있어야 했다. 그렇다면 시간의 방향성을 공간의 방향성과 동일하게 만들면 문제는 해결될 수 있다. 즉, 시간은 '흐르는 것'이 아니라 '무방향 혹은 전 방향'으로 '확장되거나 축소되는 것'으로 정의하면 된다. 또는 공간의 방향성을 시간의 방향성과 동일하게 직선의 방향으로 전환시키면, 둘은 완벽하게 묶이거나 동일한 것이 될 수 있다.

시간과 공간은 다른 이름을 가진, 그렇지만 전혀 다르지 않은, 밤과 낮 혹은 산과 바다와 같은 것이다.

이름에 현혹되지 마라

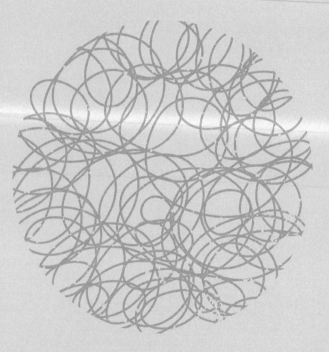

던지기

이름에 현혹되지 마라

한 수행자가 지문 선생에게 물었다.

"연꽃이 아직 물속에서 나오지 않았을 때는 뭐라 합니까?"

"연꽃(蓮花)이라 한다."

"그러면 물속에서 나왔을 때는 뭐라 합니까?"

"연잎(蓮葉)이라 한다."

통찰

도대체 수행자는 무엇을 보고 있는 걸까? 연꽃일까 아니면 연잎일까? 아니면 연못일까? 분명 수행자는 보통 사람들처럼 연꽃을 보고 있을 것이다. 하지만 그는 아무것도 보지 못하고 있는 것이리라! 머릿속을 매운 '연꽃'에 대한 통념이 수행자의 '눈'을 멀게 만들었기 때문이다. 붉은 연꽃의 아름다움도, 이슬을 품은 연잎의 여유로움도, 그것들을 빛나게 만드는 조용한 연못도 그의 것이 되지 못하고 있다. 슬픈 일이다. 이것들 사이에는 아무런 경계가 없는데. 모두가 하나일 뿐인데. 연꽃의 다른 말은 연잎이며 연못이다. 이들에게 경계의 칼을 들이대는 순간 이것들은 모두 죽는다. 따라서 경계의 칼을 든 수행자는 존재와 본질을 죽이는 눈 먼 살인자일 뿐이다.

논리의 대답

위 대화는 '차별적 인식'을 토대로 한 수행자의 질문과 그것의 오류를 깨주고자 하는 선생의 비논리적으로 보이는 답변으로 구성되어 있다. 수행자의 질문은 '물 속'과 '물 밖'의 현상에 대한 인식이나 명명은 분명하게 다르다는 전제를 담고 있다. 그전제는 당연히 통념의 뿌리로부터 자란 것이다. 첫 번째 질문에서 수행자는 이미 '연꽃'이라는 단어를 사용하고 있으면서 '연꽃'이 '물 속'에 있을 때를 묻는 것은 연꽃이 '물 밖'에 존재할 때의 이름이라는 통념에 갇혀 있는 것이다. 그래서 수행자는 '물속'에서의 다른 이름이 있을 것이라 생각한 것이며, 그 답을 선생에게서 구하고자 한 것이다. 그런데 선생의 대답은 수행자가 원했던 것과는 사뭇 달랐다. 즉, 절대로 답이 될 수 없다고 생각한 '연꽃'이라는 예상 밖의 말이 되돌아온 것이다.

이제 수행자의 두 번째 질문을 보자. 수행자의 두 번째 질문은 첫 번째 질문에 대한 의구심을 가득 담아 반문하는 형식이다. 수행자는 첫 번째 답변에 대한 불신과 당황스러움 그리고지문 선생의 말이 틀렸음을 확인하고자 던진 것이다. '물 속'에서마저 연꽃이라면, 어쩔 수 없이, 누구나 알고 있는 '물 밖'의 연꽃과 그것은 동일한 것이며 그렇게 된다면 동일하지 않은 모습을 동일하게 본 지문 선생이 오류에 빠진 것이라는 확신이 수행자의 두 번째 질문 속에 담겨 있는 것이다. 하지만 지문 선생의 두 번째 대답은 수행자의 이런 생각을 산산조각으로 부숴버리고 만다. '연잎'이라니. 너무나 명백하다고 생각했던 정답, '연꽃'이 아니라 '연잎'이라고? 수행자를 더 깊은 혼란 속으로 빠뜨릴 수밖에 없는 답변이다.

그렇다면, 지문 선생이 논리적 오류를 범하고 있거나 혹은 연꽃에 관해 잘못 알고 있는 것은 아닐까? 일반적으로, '물 속'에 있을 때가 '연잎'이어야 하고, 반대로 '물 밖'으로 나왔을 때는 '연꽃'이어야 한다. 하지만 지문 선생은 수행자가 알고 있거나 생각하고 있는 것과는 반대로 대답했다. 그 이유는 무엇일까? 지문 선생의 대답을 표면적으로 이해한다면, 연꽃은 '물 속'에서 피어야 하고 '물 밖'으로 나오는 순간 꽃은 사라지고 '연잎'만 무성해야 한다. 즉 '꽃'이 '잎'이어야 하고, '잎'은 '꽃'이 되어야 한다. 하지만 통념상, 이것 역시 인정하기 힘들다. 그렇다면 지문 선생이 수행자에게 전하려는 가르침은 무엇일까? 그것은 아주 간단하다. 수행자가 '연꽃'이라고 명명된 것을 의심 없이 받아들인 상태에서 다른 사물을 보는 것처럼, 관찰하고자 하는 대상을 이미 정해진 기준의 틀에서 벗어나지 못한 채 접근한다면, 그다음 이어지는 모든 내성들은 기준 '안'에 존재하는 것과 '밖'의 것으로 이원화되면서 높은 담장과 같은 경계를 가질 수 밖에 없음을 보여주고자 한 것이다. 여기서도 '연꽃'을 '물 속 (안)'과 '물 밖'의 존재로 나눈 것은 '연꽃'을 오히려 더 작은 범주나 개념으로 쪼개버린 것에 지나지 않는다. 그러면 '연꽃'은 '물 속'과 '물 밖'의 경계에 의해서 피기도 전에 죽어버리고 만다.

결국 지문 선생의 어리석어 보이는 답변은, 같은 것을 다르게 보려고 하지 말며, 다르게 보이는 것을 다르게 보지 말아야 한다는 진리를 담고 있는 것이다. '연꽃'에는 붉은 빛깔 혹은 흰 빛깔의 꽃잎들이 물들어 있고, 넓고 푸른 모양이 제각각인 잎들도 있으며, 보이지 않는 뿌리 또한 깊고 길게 자라 있다. 이것들 모두가 하나로 이어져 있을 때 비로소 연꽃이 되는 것이며, 이것들이 개별로 나눠지는 순간, 연꽃도 사라져버린다. 하지만 우리는 그것들을 하나하나 나누어 부른다. 마치 연꽃만 연꽃의 전부인 것처럼 말이다. '물 속'과 '물 밖'을 나누지 마라. 연꽃은 어디서나 연꽃이며, 어디서나 연잎이다.

되묻기

어느 날, 제자를 보고 제운 선생은

손에 들고 있던 주장자를 일으켜 세우며 물었다.

"자네 것과 이것이 같은 것인가, 다른 것인가?"

제자가 대답을 못하고 서 있으니

제운 선생이 대신 말했다.

"다르다면 눈이 산을 보았고, 같다면 산이 눈을 본 것이다."

답해보라

떠오르는 것

선시

구름은 달리지만 하늘은 움직이지 않고

배는 흘러가도 언덕은 그냥 있네

원래 이 아무것도 없는 것이니

어디에 또 기쁨, 슬픔을 일으킬 건가?

안과 밖

까뮈는 이렇게 말했다. "사물의 밑바닥에 깔려 있는 모순에 가만히 귀 기울여보면 그것은 서서히 모습을 드러낸다. 조그맣고 맑은 눈을 깜박이며 그 모순은 마치 어떠 어떠한 것처럼 사시오. 하고 말하는 것이다." 까뮈가 생각했던 모순은 '안과 밖' 중에서 한 쪽을 선택해야 하는 것과 그 선택을 도덕과 연결 짓는 사람들의 태도였다. '선택과 도덕' 그것은 아무런 상관도 없는 '바람과 나무'와 같은 것이다. 나무는 바람을 부르지 않았고 바람도 나무를 찾아간 것이 아니라 그가 가는 길목에 나무는 그렇게 서 있었을 뿐이다. 하지만 사람들은 마치 나무가 바람을 유혹했고, 바람은 나무를 일부러 찾아와 끌어안은 것처럼 말을 한다. 이것은 어불성설이다. 하지만 여기에 도덕이 개입한다면 말이 되는 사태이다. 도덕은 '안'이요 그것을 벗어난 것은 '밖'이라 생각하기 때문이다.

이렇게 본다면, '안과 밖'은 중심과 주변의 또 다른 이름이다. 나에게서의 '안'은 나의 내면 깊숙이 자리 잡고 있는 '무의식적 통제 기제'이고, '밖'은 그것에 의해 조정되는 포장된 욕망의 '몸짓'이다. 그렇다면, 여기서 진짜 '나'는 무엇인가? '안'인가 아니면 '밖'인가? 나는 '나'를 '밖'이라고 하고 싶다. 나의 내면에서 나를 조정하는 '무의식적 통제 기제'는 타인들이 만들어 놓은 감옥 같은 '도덕'이기 때문이다. '도덕'은 결코 '나'가 될 수 없다. 그 속에서는 '나'를 찾을 수가 없다. '나'를 가두고 옥죄는 그것은 나의 '중심'에서 '나'인 척 나를 지배하고 있을 뿐이다. 하지만 욕망의 '몸짓'이 그들의 목적지를 향해 순조롭게 항해하거나 혹은 그들의 방향이 뒤엉켜 혼란스러워질 때, 우리는 진짜로서의 '나'를 드디어 만날 수 있게 된다. 그런데도 사람들은 '안'이 자신이요, '밖'은 '안'이 만들어 놓은 형식적이며 순종적인 상태일 뿐이라고 생각한다. 그런데 문제는 이것이 일반적인 진리로서의 견고한 지위를 차지하고 있다는 점이다. 얼마나 큰 모순인가? 하지만 어느 누구도 이것을 모순이라고 생각하지 않는다는 것, '나'를 '도덕'에게 온전히 빼앗겼음에도 불구하고 어떤 괴로움도 느끼지 못한 채 살아간다는 것, 그것이 더 큰 모순이다.

　'안'이 커지면 '밖'은 죽어간다. '안'이 커지는 것은 무언가로 채워지는 것이 아니라 보이지 않는 것들로 인해 무거워지는 것이다.

'안'의 무게를 견디지 못할 때 '밖'은 깨지거나 폭발하여 사라진다. 그렇지 않다면 갈라진 상처를 안고 힘겹게 버텨야 하는 것만 남게 된다. 성리학자들의 '사단칠정(四端七情)'이 바로 그것이리라. 4단은 사람의 '안'이요 '중심'이며, 7정은 사람의 '밖'이요 '주변'이다. 따라서 성리학자들은 사람의 기본을 4단에 두고 7정은 단순히 그것을 따르는 종차적인 개념으로만 보았다. 얼마나 큰 모순인가? 이것을 나무에 비유해보자. 땅 속에 갇혀 보이지 않는 뿌리들, 이것이 4단이며 땅 위로 솟아올라 하나의 힘을 이루고 있는 줄기와 수많은 형상들이 나름의 방향으로 뻗어가는 가지들 그리고 아름다운 색을 발하는 열매들이 7정에 속한다. 우리가 '나무'라고 칭하는 것들 혹은 '나무'라는 것들에서 얻을 수 있는 감동과 위로 등은 과연 뿌리에서 온다고 말할 수 있겠는가? 그것은 결코 아니다. 즉 '안'이 아닌 '밖', 그것이 바로 나무이며 그것이 나무를 나무로 존재케 하는 것이다. 따라서 성리학자들이 만든 사람은 완전한 사람이 아닌 반쪽만 존재하는 그 무엇, 모순 속에 갇혀 신음하고 있는 존재인 것이다.

 모순적 인간, 그것은 '안'만 커진 덩치 큰 꼬마아이와 다르지 않다. 덩치만 클 뿐 아무것도 자신의 의지와 욕망을 자유롭게 펴지 못해 울고 있는 아이이다. 따라서 우리의 선택은 '안'이 아니라 '밖'이어야 한다. 그럴 때 우리는 도덕적 타당성에 가려진 모순을 건져낼 수 있으며, 그 모순이 건네는 말들에 당당히 이렇게 말할 수 있을 것이다. "'안'은 환상에 지나지 않으며, '나'는 '밖'에서 눈부시게 빛나고 있다고." 하지만 '안'을 제거하는 것은 불가능한 일이다. 우리는 단지 '안'을 줄일 수 있을 뿐이다. 왜냐하면, '안'의 죽음은 곧 '밖'의 죽음이며, '밖'은 '안'과 분리되어 존재할 수 없기 때문이다. 그렇다면, '안'을 줄이는 방법은 무엇일까? 그것은 간단하다. '밖'을 더 크게 키우는 것이다. 하지만 더 좋은 방법이 있다. 그것은 '안'과 '밖'의 경계를 지워버리는 것이다. 이것은 '안'과 '밖'의 위치나 순서를 바꾸는 것으로 가능해진다. '밖'을 안으로 끌어들이고 '안'을 '밖'으로 내보내면 된다. 이럴 때 내 안에 위치하는 '밖'은 그의 주변에 아무것도 남겨둘 수 없게 된다. 그것은 안에 존재하는 '밖'이기 때문이다.

니체는 말했다. "인간에게 언젠가 나는 것을 가르쳐주는 사람은 이로써 모든 경계석을 제자리가 아닌 곳으로 옮겨놓은 셈이다. 아니 모든 경계석 자체가 그에게서 떠나 허공으로 날아가 버리리라. 그리고 그는 땅을 새롭게 명명할 것이다. '가벼운 것'이라고". 이제, 우리도 '안'과 '밖'의 경계를 허물고, 그들의 위치를 바꾸어야 한다. 경계가 사라질지라도 그들은 '안'과 '밖'으로 남게 될 것이다. 그들은 동일한 것이 될 수 없기 때문이다. 하지만 슬퍼하지 말라. 삶의 중심과 주변은 사라질 테니까 말이다.

네
마음
속에

봄과 겨울이 모두 있다

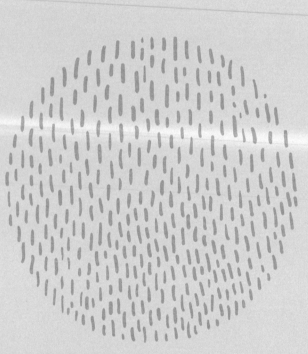

네 마음 속에 봄과 겨울이 모두 있다

한 사내가 동산 선생에게 물었다.

"추위와 더위가 다가오는데 어떻게 피하시렵니까."

"어째서 추위와 더위가 없는 곳으로 가지 않는가?"

"그런 곳이 어디에 있습니까?"

"추울 때는 자네를 얼려서 죽이고,

더울 때는 쪄서 죽이는 곳이지."

통찰

　두 사람이 동일한 현상에 대해 '집착'과 그것에 관한 '초월적' 입장을 각각 드러내고 있다. 사내의 입장에서 본다면, 이 대화는 고립된 상태에서의 투덜거림이나 혹은 벽을 보고 혼자 말하면서 되돌아 오는 메아리를 듣는 것과 결코 다르지 않다. 분명, 사내는 추위와 더위를 피하는 방법에 관해 물었는데 돌아온 답변은 오히려 얼어 죽고, 쪄 죽는 법을 얻었으니. 아! 황당한 답변이로다. 하지만 이것을 황당한 답변으로 인식한다면, 사내는 결국 추위와 더위에 얼어 죽고 쪄 죽을 것이다. 이것이 바로 '역설의 미학'이다.

논리의 대답

두 사람이 동일한 현상에 대해 갖고 있는 존재론적 인식의 차이를 만나보자. 사내의 첫 번째 질문을 보면, 사내는 '추위와 더위'에 관해 이미 인식하고 있다. 그리고 그것을 피할 수 있는 방법을 구하고 있다. 하지만 동산 선생의 첫 번째 답변은 어린아이들도 할 수 있는 평범하기 그지없는 무성의한 답변처럼 보인다. 사내가 기대했던 답변이 결코 될 수 없다.

그렇다면 동산 선생은 어떤 것을 깨우쳐 주기 위해 이런 답변을 했을까? 그것은 동산 선생과 사내가 있는 이곳이 추위와 더위가 없는 곳임을 말하고자 한 것이다. 그런데 여기서 한 가지 의심이 생긴다. 두 사람이 함께 있는 곳이 누구에게는 추위와 더위가 있고, 누구에게는 그것이 없다는 것이 과연 가능할까 하는 것이다. 이 지점에서 우리는 동일한 현상에 대한 인식적 집착과 인식적 초월성을 동시에 만날 수 있다. 다시 말해, 현상이라는 것은 인식의 존재론적 차이에 의해 존재하기도 하고 존재하지 않기도 한 것이다. 동산 선생에게는 추위와 더위가 없고, 오로지 그것에 매달리고 있는 사내에게만 추위와 더위가 무서운 기세로 다가오고 있는 것이다.

사내의 두 번째 질문은 동산 선생의 첫 번째 답변을 있는 그대로 해석한 어리석은 행위이다. 동산 선생의 첫 번째 답변을 듣는 순간, 사내는 입을 닫고 돌아갔어야 했다. 사내의 두 번째 질문은 동산 선생의 첫 번째 답변에 등장하는 '어디'를 공간적 장소로만 한정한 후 그것에 집착한 결과이다. 동산 선생의 '~곳'이라는 표현은, 장소가 아니라 인식의 초월점임을 사내는 깨닫지 못한 것이다. 동산 선생은 어리석은 사내를 깨우쳐주기 위해 다시 한 번 입을 연다. '추위 속으로 가고, 더위 속에 머물러라.' 하지만 동산 선생의 답은 아마도 사내를 더 당황스럽게 혹은 괴롭게 만들었을 것이다. 추위와 더위를 피하려다 그 속에 갇혀 죽게 생겼으니 말이다. 아, 역설, 이것은 사내에게 바윗돌 같은 장애물일 뿐 자신의 눈을 뜨게 하는 등불이 되지는 못한 것 같다.

　그렇다면, 정말 사내가 묻고자 한 것은 무엇이며, 동산 선생이 가르쳐 주고자 한 것은 무엇일까? 다시 사내의 첫 번째 질문으로 돌아가 보면, 사내의 질문은 단순히 '더위와 추위'를 묻고자 한 것이 아니다. '추위와 더위'는 공존할 수 없는 계절적 현상으로서 함께 올 수 있는 것이 아니다. 그런데, 사내는 그것이 동시에 온다고 말하고 있다. 따라서 사내의 질문은 '추위와 더위'라는 날씨의 고통이 아니라 자신의 공부나 삶에 있어서의 장애물을 극복하는 해법을 얻고자 한 것으로 해석할 수 있다. 그렇다면 동산 선생의 답변도 그 의미가 달라져야 한다. '더위와 추위가 있는 곳'은 오히려 자신을 괴롭게 만드는 장애물이 없는 곳이다. 이에 대해 사내의 두 번째 질문은 그런 곳이 어디인가로 이어진다. 이에 대한 동산 선생의 답변은 지금의 고통보다 더 깊은 고통 속, 죽음이 기다리는 곳, 얼어 죽고 쪄 죽을 수 있는 곳으로 걸어 들어갈 때 지금의 고통쯤은 고통이 아닌 것이 된다고 말하고 있는 것이다.

동산 선생의 역설적 답변은 '더 깊은 고통 속으로 들어가 보면, 현재의 고통은 단순한 집착에서 비롯된 아주 얕은 것에 지나지 않으며, 더 큰 고통이 현재의 집착에서 벗어날 수 있게 만들어줄 것'이라는 깨우침이다. 깨우침을 얻어야 한다는 의지 혹은 생각조차도 집착이며 그것이 고통 즉 더위와 추위를 만든다. 하지만 깨우쳐야 한다는, 진리로 나아가야 한다는 생각조차도 버릴 수 있는 것은 지금의 고통보다 더 큰 고통 속에서만 얻을 수 있다.

사내가 가지고 있는 고통의 범위와 진리로 나아가고자 하는 수행의 과정이 동산 선생에게는 먼지보다도 작은 것에 지나지 않는, 아니면 존재조차 하지 않는 것으로 보인 것이다. 사내의 고통이 동산 선생에게는 어리광에 불과했던 것이다. 사내가 더위와 추위를 느끼고 있다는 것은, 자신의 수행 혹은 진리의 길에서 벗어난 게으름의 상태이며 이것은 외물(外物)에 한 눈을 판 격이다. 외물로부터 자신의 시선을 거둬들일 수 있을 때, 그곳은 추위와 더위가 더 이상 존재하지 않는 곳이 될 수 있다.

되묻기

어느 날 석상초원 선생이 이렇게 말했다.

"백 척의 장대 끝에서 어떻게 한 걸음 더 나아갈 것인가?"

또 옛 스승은 이렇게 말했다.

"백 척의 장대 끝에 앉은 사람을 가리켜 깨달음의 경지에

들었다고 할 수 있을지는 모르나 아직 부족하다.

백척간두에서 모름지기 한 걸음 더 나가야 한다."

답해보라

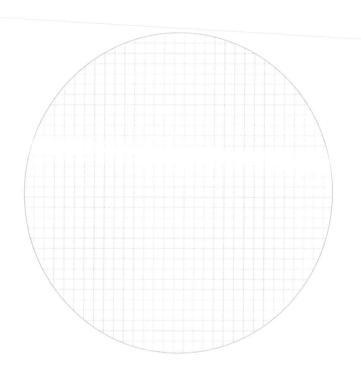

떠오르는 것

무(無)

저 거대한 산을 어디에 감추리

바다 속에

바다는 끝없이 흐르는데

구름 뒤에

구름은 흔적 없이 사라지는데

그렇다면,

내 눈 속에

하지만 깜빡이는 순간

저 산은 산산조각 깨어질 것을

아! 나를 잠재우는 저 괴물,

시간이 저 산을 업고 달아나네

마지막 작가 최인호

넘어서기

아폴론적인 것과 디오니소스적인 것

『장자』의 「제물론」편에는 다음과 같은 이야기가 나온다. '자유가 물었다. 땅의 음악은 수많은 구멍이 그것이요, 사람의 음악은 퉁소가 그것인 줄 알겠습니다. 그러면, 하늘의 음악이란 무엇입니까? 자기가 말했다. 대개 그 불어내는 바람소리는 만가지로 다른데, 그것들이 모두 제멋대로 불도록 하는 것이 하늘의 음악이다. 그렇다면 모든 소리는 다 그들 스스로가 내는 것이니, 정말로 성내게 하는 것은 무엇이겠느냐?

우리는 여기서 아폴론적인 것과 디오니소스적인 것이 무엇인지 뚜렷하게 볼 수 있다. 아폴론적인 것, 그것은 무엇보다 이성적인 것이며 그것을 통해 이상적인 아름다움을 추구하는 행위이다. 『장자』에서는 땅의 음악과 사람의 음악이 그것이다. 이에 반해 디오니소스적인 것은, 형식적 질서에 대한 카오스적 파괴와 그것에 도취된 감정이 만난 술의 기운이다. 『장자』에서 말하는 하늘의 음악이 여기에 해낭된다.

예술과 철학 그리고 수학은 그리스의 전부이자, 그 시대의 영혼이었다. 그래서 플라톤의 이데아와 수학의 비례와 대칭이 그리스 예술을 아폴론의 틀 속에 가둘 수 있었다. 예술의 이상적인 아름다움이 예술가의 가슴에서 빚어진 것이 아니라 철학자와 수학자의 머리에서 설계되어 만들어진 것이다. 그리스는 지혜의 여신 '아테나'에 의해 창조된 것이므로 그것을 지키기 위해 이성적인 것과 합리적인 것들에서 벗어난 예술은 쫓아내야 할 악마였을 뿐이다. 그래서 술의 기운, 쾌락이 광기로 이어지는 환상과 혼돈의 예술은 어두워야 했고, 눈물을 흘릴 수밖에 없었다.

　소크라테스의 "아름답기 위해서는 모든 것이 지적이어야 한다. 이것은 아는 자만이 유덕하다."라는 미학의 관점에서도 아폴론의 감옥이 얼마나 철옹성이었는지를 짐작할 수 있다. 예술은 합리적이며, 이성적인 것 속에서만 생명을 가질 수 있으며, 그것만이 가장 아름답고 이상적인 것이라고 그리스는 믿었던 것이다.

　하지만 예술은 술에 취한 혹은 광기로 몸부림 친 자들에 의해 진보해왔다. 술의 신, 디오니소스는 인간의 원초적 본능에 자신을 맡긴다. 그래서 자연적이다. 고통과 혼돈, 무질서의 세계를 하나로 합치거나 조화시키려 하기보다는 고통 그 자체를 곁에 두고 함께 호흡한다. 그 혼돈과 무질서는 자연이자 동시에 공포이다.

『장자』에서 자기가 한 말, "대개 그 불어내는 바람소리는 만 가지로 다른데, 그것들이 모두 제멋대로 불도록 하는 것이 하늘의 음악이다."와 같은 것이다. 모든 존재는 각자의 본래 소리가 있고 그것은 어떤 기준에서의 '이성'에 의해 묶여지거나 다듬어질 수 있는 성질의 것이 결코 아닌 것이다.

쇼펜하우어는 다분히 디오니소스적이었다. "음이 나타나게 하는 숫자 자체에는 풀리지 않는 비합리성이 있다.… 그러므로 그 때문에 완전히 올바른 음악은 생각조차 할 수 없으며, 하물며 완성한다는 것은 말도 안 된다. … 음악은 단지 음악에 본질적인 불협화음을 모든 음에 분할함으로써 평균율을 통해 은폐할 수 있을 뿐이다." 그는 음악의 본질을 서로 다른 음들이 제멋대로 불어대는 불협화음에 있다고 생각한 것이다. 술꾼이 음표 없이 즉흥적으로 불러대는 노래처럼 말이다.

디오니소스와 포스트모더니즘은 동일한 얼굴을 가졌다. 니체는 『비극의 탄생』에서 "모든 원시인이나 원시 민족이 그들의 찬가에서 말하고 있는 마취석 음료의 영향을 통하여 혹은 모든 자연을 흥겹게 관통하는 봄의 힘찬 접근의 때에, 저 디오니소스적 격정이 눈을 뜨게 된다."라고 말하고 있다. 디오니소스의 '술'은 기존의 것들에 대한 파괴의 힘이며 '봄'은 술이 빚어낸 낯섦 혹은 새로움이다. 이것이 포스트모더니즘 예술의 붉은 피다.

이성에 의해 규정된 것, 그리고 법칙에 의해 이상화된 예술들을 향해 돌을 던지고 망치를 드는 파괴적 행위가 포스트모더니즘 예술인 것이다. 부정과 일탈의 욕망만이 새로운 길을 만들 수 있다. 인간은 본성적으로 낯설고, 무질서한 것에 대한 두려움을 가지고 있다. 하지만 그 두려움은 오히려 짜릿한 쾌감을 극대화시켜준다. 우리의 영혼을 쾌락의 극대화 지점까지 끌어올리는 것, 그것은 아마도 디오니소스의 무질서적인 광기뿐일 것이다. 광기를 마신 포스트모던적인 예술만이 우리의 영혼을 흥분 속에서 춤추게 할 것이다.

하지만 디오니소스에 의해 만들어진 낯선 예술조차도 시간의 마법, 익숙함의 시선에 의해 '아폴론적'인 것으로 변모될 수밖에 없다. 태양이 대지를 달굴 때, 술의 기운은 밤을 상실하고 꿈에서 깨어나야 하듯이 디오니소스의 예술은 아폴론적인 것에 자리를 양보할 수밖에 없는 운명을 가졌다. 낯선 것들은 탄생하는 순간 이미 존재하는 친숙한 것이 되어 버린다. 즉 '만취'에서 깨어난 디오니소스의 다른 얼굴은 아폴론인 것이다. 낯섦과 친숙함은 같은 선로 위에 앞뒤에 놓인 동일한 것이며, 어머니인 동시에 자식인 것이다.

현대는 빈곤의 시대다. 디오니소스는 잠들었고 포스트모더
니즘은 사라졌다. 아폴론은 끝을 향해 나아가지 않으며 자신
의 중심부를 더욱 두껍게 만들 뿐이다. 술의 광기가 허락되지
않는 평온한 시대, 질서의 유희만이 유일한 쾌락인 초라한 시대
이다.

브레히트가 그의 시에서 "나무에 대해 이야기하는 것이 거
의 범죄로 되어버리는 시대/ 그러한 이야기가 수많은 불의에 대
한 침묵을 의미하는 시다/ 그런 시대란 도대체 어떤 시대란 말
인가!"라고 역설했듯이 이 세계는 낯선 향기로서의 디오니소
스, 보지 못했던 색채로서의 포스트모던적인 예술이 자취를 감
추었다. 낯섦은 죽었다. 어둠이 빛나는 그림과, 음울한 정서의
노래는 화려하게 정돈된 색채와 평화로운 음들에 의해 보이지
않고 들리지 않는다.

작은 것이
어찌 큰 것을 볼 수 있으랴

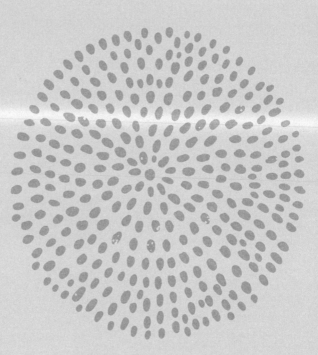

작은 것이 어찌 큰 것을 볼 수 있으랴

삼성이 설봉 선생에게 물었다.

"그물을 찢고 나온 황금빛 물고기는

무엇을 미끼로 해서 잡아야 합니까?"

"그대가 그물을 찢고 나오면 말해 주겠다."

삼성이 화를 내며 말했다.

"1천5백 대중을 거느리는 선생께서

말머리도 알아듣지 못합니까!"

"노승이 절 일에 바쁘다 보니…"

통찰

삼성은 정말 어리석은 인물이로다. 깨우침을 주고 있는 스승에게 오히려 화를 내며 자신의 무지를 드러내고 있으니 말이다. 그냥 고개만 끄덕이거나 혹은 물러나 곰곰이 생각하고 다시 물어야 할 것을. 어찌하여 그렇게 눈을 크게 뜨고서도 자신의 허물은 보지 못하고 있는가? 이것이야말로 눈이 먼 것이 아니고 무엇이겠는가? 삼성의 어리석음에 설봉 선생은 귀를 막고 입을 닫아버렸구나!

논리의 대답

두 사람의 대화 속으로 들어가 보자. 삼성의 첫 번째 질문은 비유적이며 함축적이다. 여기서 '그물을 찢고 나온 황금빛 물고기'가 무엇을 빗대고 있는지 알아야만 답변이 가능해진다. 보통 물고기들은 그물을 찢고 나오지 못한다. 그렇다면 그물을 찢고 나온 물고기는 크고 강한 물고기라 할 수 있을 것이다. 그렇기 때문에 다른 보통 물고기와 차원이 다르다는 의미에서 '황금빛'이라는 수식어를 얻을 수 있었을 것이다. 따라서 이렇게 크고 강한 물고기를 잡기 위해서는 더 단단한 그물이 필요하다. 그래서 삼성은 그 그물, 즉 거대한 물고기를 잡기 위한 특별한 비법을 설봉에게 구하고 있는 것이다.

자, 이제 설봉의 답변을 보자. 무섭고 강하다. 답을 주지 않으면서도 명백하게 답을 주고 있기 때문이다. "그대가 그물을 찢고 나오면 말해 주겠다." 이 말은 두 가지의 답을 갖고 있다. 하나는 "그대가 그물을 찢고 나오면"이라는 가정문에 근거해 볼 때, 삼성은 지금 '그물에 갇혀 있다'는 사실이다. 그렇다면 삼성이 갇힌 그물은 무엇일까? 그것은 논리적 범주를 고려할 때 '그물을 찢고 나온 황금빛 물고기'를 잡을 수 있다고 생각하는 '관념'이거나 잡으려고 하는 '의지'이다. 다른 하나는 첫 번째 추론

내용과 연속선상에 있다. 즉 '그물을 찢고 나온 황금빛 물고기'는 결코 존재할 수 없는데 삼성은 그것의 존재를 당연시하는 망상에 빠졌다는 점이다.

위와 같이 설봉은 두 가지의 답을 이미 주었음에도 불구하고 이것을 보지 못한 삼성은 도리어 자신의 말을 알아듣지 못한다고 설봉을 가르치려 든다. 그리고 자신의 간단한 질문에 대답도 하지 못하는 사람이 어떻게 수많은 대중을 가르치는 사람일 수 있느냐고 설봉을 사정없이 폄하하고 있다. 그러자 설봉은 자신의 답을 이해하지 못한 삼성을 대화 상대로 더 이상 보지 않는다. 그래서 설봉은 "노승이 절 일에 바쁘다 보니…"라는 짧은 대답으로 대화의 단절을 선언해버렸다. 아마도 삼성은 설봉을 자신의 단순한 질문도 이해하지 못하는 보잘 것 없는 노승으로 치부해버렸으리라.

자, 그렇다면, 황금빛 물고기는 무엇일까? 그것은 어떤 수단과 방법(그물)으로도 도달할 수 없는 절대적 진리를 의미한다. 그것은 종교적 차원의 신이 될 수도 있고, 철학적 진리의 이상이 될 수도 있다. 하지만 그것이 무엇이든 그것은 존재하지 않는 허상일 뿐이며, 그것은 그물을 가지고 있는 어부들의 욕망이 만들어 낸 전설에 불과하다. 어부들이 그들의 그물, 즉 기존의 수단과 방법으로는 잡을 수 없었기 때문에 황금빛 물고기는 전설이 되어 버린 것이다. 결국, 그물이 황금빛 물고기를 만든 것이다. 그런데 어리석은 후대의 어부, 삼성은 황금빛 물고기의 존재를 의심하기보다 그것을 잡을 수 있는 새로운 그물을 원하고 있다. 절대적 진리가 존재하지 않는다면, 그물은 더이상 필요 없다. 하지만 그물에 갇혀 있는 한 절대적 진리는 존재하는 것이 된다. 자신을 가둔 그물을 찢는 것, 그것만이 우리가 절대적 진리의 허상을 인식할 수 있는 유일한 길이다.

배우는 자들이여, 설봉의 답변을 기억하자. '그물을 찢고 나온 황금빛 물고기'는 존재하지 않는다. 존재하지 않는 것을 좇는 것은 뜬 구름을 잡으려고 팔을 뻗는 것과 다르지 않다. 만약 뜬구름이 눈 앞에 보인다면, 그대들은 이미 허상의 그물에 갇힌 것이다.

되묻기

욕궁 대부가 남전 선생에게 물었다.

"선생님, 옛날 어떤 사람이 병 속에 거위 새끼를 키웠습니다.

거위가 자랐는데 그걸 어떻게 꺼내시겠습니까?

병을 깨도 안 되고, 새도 다치게 해서는 안 됩니다."

그러자 남전 선생은 느닷없이 "대부!"하고 불렀다.

"예." 엉겁결에 육궁 대부가 대답을 하고 쳐다보니

남전 선생이 빙그레 웃으며 말했다.

"병 속에서 나온 새를 보았는가?"

답해보라

떠오르는 것

중력

중심이여, 너는 모든 것으로부터

너 자신을 이끌고, 날아가는 것으로부터도 너 자신을

회복하는구나. 중심, 너는 가장 강력한 것.

물이 목마름을 뚫고 지나가듯, 서 있는 것

그것을 중력이 뚫고 지나가네.

그러나 잠든 자로부터

마치 하늘을 뒤덮은 구름에서 쏟아져 내리듯

무게의 폭우가 쏟아져 내린다.

릴케

넘어서기

주인과 노예

헤겔은『정신 현상학』에서 이렇게 말한다. "주인이 자기 자신을 성취하는 가운데 주인에게는 자립적 의식과는 완전히 다른 것이 생겨났다. 자립적 의식은 주인을 위해 있지 않고 오히려 비자립적인 것이 주인에게 남겨진다. 그러므로 주인은 독자존재를 진리로서 확신하는 것이 아니라, 그의 진리는 오히려 비본질적 의식, 이러한 의식의 비본질적인 행위이다. 따라서 자기의식의 진리는 노예의식이다."

주인과 노예의 역전적 관계의 빛이 뜨겁게 비춰진 대목이다. '주인'의 위치는 어떤 형태로든 독립적이며 자립적일 수는 없다. 주인은 '무엇'에 대한 주인이다. 그것이 지배로서의 대상이든, 욕망으로서의 무엇이든, 대상이 존재하지 않는다면 주인이라는 단어 자체가 성립될 수 없다. 즉, 누군가 혹은 무엇인가에 소유되는 대상물만이 주인을 주인이게 하는 뼈이며, 그것의 비존재는 존재를 비존재로 만드는 주체로서의 주인이 되는 것이다.

그렇다면 노예는 주인이 될 수 있는가? 노예는 노예이면서 동시에 주인일 뿐, 독립적이며 개별적 존재로서의 노예이거나 주인이 될 수는 없다. 노예가 노예일 때는 그것이 주인으로 인해 개별적 존재자가 될 수 있지만, 노예가 주인일 때는 주인을 노예화하는 존재 그 자체로 존재할 수 있는 것이다. 노예는 계급적이거나 권력적 혹은 금전적 관계가 만들어낸 산물이 아니다. 노예는 수동성에 구속되는 자기 억압이다. 자신의 의식과 말들로 능동성을 죽이고 수동성으로 가고자 하는 무의식적 욕망이 주인의 말과 행동과는 대립적인 형상들을 스스로 제거하는 것이다. 하지만 결국 노예는 능동적으로 변해 있는 자신을 만나게 된다. 이와 마찬가지로 주인은 능동성을 가진 존재처럼 보이지만 결국 그 능동성은 수동성으로 가기 위한 하나의 다리에 지나지 않으며 결국 주인은 수동성으로 변한 자신을 볼 뿐이다. 능동성은 노예를 부리고 통제하기 위한 것이지만 그것은 결국 자신의 말과 행동, 자신을 주인으로 만드는 것들의 수동성, 즉 노예에 의해 실행되기만을 기다리는 모순적 능동성이다.

이처럼 인간의 삶은 주인이고자 할수록, 즉 그것을 자신의 욕망 속에 가두려고 할수록 그 대상의 노예가 되어 버린다는 사실은 슬프지만 진실이다. 동시에 주인은 노예와의 관계 속에서 주인으로서의 '의무'라는 것에 종속될 수밖에 없는데 그 의무는 결국 노예들을 조정하기 위한 것이지만 결국 그것에 자신이 구속되어 버리는 모순적 결과로 인해 주인은 자유를 상실한 노예로 전락하게 된다. 노예를 지배하기 위한 의무가 자신을 노예의 감옥으로 밀어넣은 결과를 초래한 것이다.

조지 오웰의 〈코끼리를 쏘다〉에서 이것을 보여주는 장면이 등장한다. '그들은 나를 싫어했지만 마술의 총을 들고 있는 내가 그 순간만큼은 볼만한 구경거리였다. 갑자기 나는 그 코끼리를 결국 쏴야 한다는 것을 깨달았다. 이천 명의 뜻이 내 등을 내리 누르며 저항할 수 없도록 떠미는 것을 느꼈다.…바로 여기, 무기도 없는 원주민 군중 앞에, 얼핏 일개 지도자처럼 총을 든 백인인 내가 있었다. 그러나 실상 나는 뒤에 서 있는 노란 얼굴들의 뜻에 따라 앞뒤로 왔다 갔다 하는 우스꽝스러운 꼭두각시에 지나지 않았다.'

반대로 주인이 자신의 의지와 권력 속에 가둘 수 있다고 생각하는 대상 혹은 노예는 주인이 접근하는 순간, 적을 포획한 새로운 주인이 된다. '욕망' 그 자체는 이미 주인의 것이 아닌 노예의 것이며 그것은 노예를 노예로부터 해방시켜 주인이 되게 하는 모순적 에너지이다.

헤밍웨이의 『노인과 바다』는 이런 관계의 역전 현상을 '보이지 않게' 그려 놓았다. 노인은 '큰 고기'에 이틀 밤낮으로 끌려

다닌다. 자신의 욕망인 큰 고기와 바다가 주인이 되었고 노인은 오히려 그의 노예가 된 꼴이다. 하지만 노인은 큰 고기를 배에 묶어 귀향한다. 이 순간만큼은 노인이 주인의 자리를 되찾은 듯 보인다. 하지만 상어 떼의 습격을 받으면서 큰 고기는 앙상한 뼈만 남긴 채 사라져 버린다. 노인의 욕망이 사라지는 순간이다. 하지만 이 순간은 자신의 욕망, 노예로부터 벗어나는 자유인으로 돌아오는 시간이다. 타자에 대한 욕망, 노예에 관한 소유욕은 큰 고기가 내뿜었던 살기 가득한 피비린내와 같은 것이어서 다른 주인으로부터의 또 다른 욕망의 대상이 되었던 것이다.

그렇다면, 욕망으로 가득 찬 인간은 영원히 주인이 아닌 노예로 살 수 밖에 없는가? 그렇지는 않다. 그러니 너무 서글퍼하지는 말자. 인간이 주인으로 살 수 있는 건 자신을 스스로 파괴하는 길 뿐이다. 즉 '내' 안에 있는 타자에 대한 갈망 혹은 타자로 설정되는 관계성을 파괴하면 되는 것이다. 여기서 타자에 관한 '나'의 욕망은 타자와의 '관계성'의 가장 중요한 부분이다. 따라서 우리는 타자와의 관계를 제거한 채 홀로 살아갈 수는 없다. 하지만 타자로 향하던 '욕망'의 방향을 자신 쪽으로 전환하면, '나'는 타자의 노예가 되지 않는 동시에 타자의 독립적 존재를 인정하는 수평적 관계성을 유지하게 된다.

이럴 때 '나'를 대상으로 삼는 '나'는 나의 주인이며, 타자도 자신을 대상으로 삼는 주인으로 되살아나게 된다. 결국 자신을 파괴하는 것은 '나'에 대한 진정한 주인의 자리를 되찾은 것이 며 동시에 타자와의 견고한 수평적 관계성을 만드는 지름길인 것이다.

우리는
앞을 보며 뒤로 걷고 있다

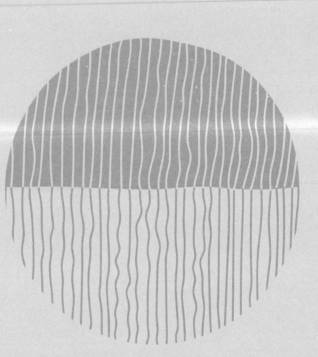

던지기

우리는 앞을 보며 뒤로 걷고 있다

남전 선생의 문하에 있는 동·서 양당의 수행자들이

어느 날 고양이 한 마리를 놓고 다투고 있었다.

남전 선생이 이를 보고 고양이를 잡아 들고 말했다.

"한 마디라도 이른다면 베지 않겠다."

제자들이 아무 말도 못하자 선생은 고양이를 두 동강이로

베고 말았다. 남전 선생이 고양이 목을 자른 후 조주에게

그 얘기를 들려주며 물었다.

"그때, 자네라면 어떻게 했겠는가?"

조주는 아무 말도 하지 않고

신발을 머리에 이고 밖으로 나갔다.

이것을 본 남전 선생이 말했다.

"그 자리에 자네가 있었다면

고양이를 살릴 수 있었을텐데…."

통찰

진리는 과연 어디에 있는가? 우리는 진리가 어디에 있는지도 모르면서 마냥 자신의 길을 고집하며 걷고 있는 건 아닌가? 진리 추구의 삶이 온통 '주객전도'의 잡풀들로 넘쳐 나는구나. 진리는 간데없고 껍데기만 판치는 세상 때문에 죄 없는 고양이의 목만 잘렸구나. 목적과 수단이 뒤바뀐 우리의 삶도 누군가의 목을 비틀게 하는 건 아닌지 스스로에게 물어야 할 때가 온 것 같다.

논리의 대답

위 이야기는 질문은 있지만 대답은 없는 듯 보이는 비논리적 서사의 형식이다. 하지만 분명한 것은 천둥소리같이 크고 호랑이 눈 같이 매서운 '몸짓의 답변'이 존재한다는 점이다. 이제 하나하나 몸짓의 답변을 풀어가 보자. 우선 남전 선생이 제자들에게 고양이를 잡고 질문한 이유를 알아야 한다. 질문에 답변하기 이전에 질문한 의도를 파악하지 못한다면 결국 어떤 대답도 정답에 다가갈 수 없다. 논리란 분명한 관계성 속에서만 존재하는 것으로서 비논리적으로 보인다 하더라도 정확한 전제만 가지고 있다면, 그것은 충분히 타당한 결론으로 이어질 수 있는 것이다.

남전 선생이 고양이를 잡고 제자들에게 질문을 던진 이유는 분명하다. 제자들은 현재 동·서 양당으로 나뉜 상태에서 고양이를 두고 다투고 있다. 그렇다면 남전 선생이 고양이를 들고 묻는 이유는 분명해진다. 그것은 '싸우지 마라'는 무서운 경고인 것이다. 하지만 선생의 의도를 깨닫지 못한 제자들은 벙어리가 되고 말았다. 결국, 제자들 대신 남전 선생이 스스로 답을 한다. 고양이의 목을 자르는 것, 그것이 남전 선생이 제자들에게 준 천둥소리보다 큰 가르침이었다. 하지만 이미 벙어리가 되어

버린 제자들은 이 큰 소리를 들을 수 없었던 것이리라.

그렇다면, 남전 선생이 '싸우지 마라'고 하는 의도는 무엇인가? 그것은 답은 호랑이 눈빛보다 매서운 조주의 행위에서 분명하게 읽을 수 있다. '아무 말도 하지 않고 신발을 머리에 이고 밖으로 나갔다'는 것은 '주객전도'된 제자들의 삶을 풍자한 것이다. 다시 말해, '신발'은 우리 몸의 '아랫부분'에 있는 '발'에서만 그것의 본질이 발휘될 수 있다. 하지만 조주는 신발을 신체의 '윗부분에 위치한 머리'에 '이고' 나갔다. 이 순간 신발의 본질과 목적은 사라지고 그것은 더 이상 신발이 아닌 것이 된다. 이것은 수행의 본질을 외면한 채, 밖으로 드러난 현상이나 외물에 집착하여 옳고 그름을 다투며 동·서 진영으로 갈라선 제자들의 수행 태도에 일침을 가하고자 한 남전 선생의 의도를 제대로 간파한 것이다. 하지만 제자들은 선생의 깊은 뜻을 이해하지 못했으며, 동시에 자신들의 모습도 보지 못했다. 따라서 아무도 대답을 할 수 없었던 것이며 애꿎은 고양이만 목숨을 잃고 말았다.

분명, 참다운 진리는 어디에서 보거나 만나든 동일한 모습을 하고 있으며, 누가 입어도 꼭 맞는 옷이다. 내가 동쪽에 있느냐 아니면 서쪽에 있느냐가 중요한 것이 결코 아니다. 진리란 어디에나 존재하기 때문이다. 하지만 역설적이게도 진리는 '어느 곳'

에도 존재하지 않는다는 점이다. 따라서 진리란 '어디'라는 특정한 공간으로 기울어 있지 않으며, 오로지 모든 것들 '속'에 존재할 뿐이다.

집단은 또 다른 집단을 만든다. 하나의 집단이란 존재할 수 없다. 두 명 이상이 같은 뜻을 가진다면, 이와 같은 다른 뜻을 가진 나머지 개인들은 자신의 의지와 상관없이 이미 다른 집단이 되어 버린다. 집단은 운명적으로 자신 안에 또 다른 집단을 품고 산다. 그런데 이렇게 다른 집단이 만들어지는 순간, 집단의 방향은 변화한다. 자신들만의 내면이나 본질로 향하던 눈길이 이제는 밖을 향한다. 다른 집단과의 차별성 혹은 우월성을 찾고자 분투하는 것이다. 그것이 불가능해지면, 다른 집단을 흠집 내거나 혹은 폄하하는 행위 등을 통해 상대적 우월감을 점하고자 한다. 이 순간 집단 고유의 본질적 지향점과 가치는 사라져 버린다.

고양이는 동·서 양당 간에 발생한 진리적 우월성의 점령을 위한 전쟁의 상징물이다. 각 당들은 자신들의 본질적인 가치를 추구하는 것에서 벗어나 다른 집단의 가치를 파괴하거나 누르는 것만이 자신들의 가치를 부각시킬 수 있다는 착각 속에 빠져 있는 것이다. 진리는 하나일지라도 그것에 도달하는 길은 수 만 가지이다. 그렇다면 진리를 향해 가는 서로 다른 길이 문제가 될 수는 없다. 굽은 길로 천천히 걸어가든, 곧은 길로 정신없이 달려가든 목적지만 잃지 않으면 되는 것이다.

그렇다면 우리는 과연 어떤가? 슬프다.

되묻기

제운 선생이 제자에게 물었다.

"무엇을 하고 있는가?"

"부처님 몸의 먼지를 털고 있습니다."

"이미 부처라 했으면 어째서 먼지가 있는가?"

그 제자가 대답을 못하자 제운 선생이 스스로 대답했다.

"금 부스러기가 아무리 귀해도 눈에 들어가면 병이 되느니라."

답해보라

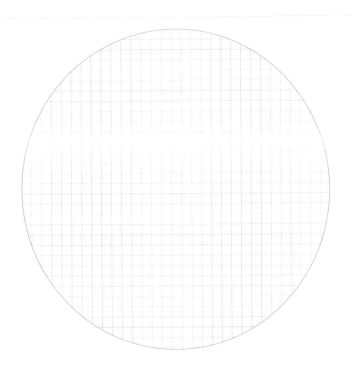

떠오르는 것

행렬

고기를 잡으려고 망을 치지만
고기를 잡고 나면 망을 잊는다.
토끼를 잡으려고 덫을 놓지만
토끼를 잡고 나면 덫을 잊는다.
뜻을 전하려고 말을 하지만
뜻이 통한 다음에는 말을 잊는다.

장자

창과 방패

창은 상대방을 제거하기 위해 사용하는 무기이다. 반대로 방패는 창의 공격을 막고 자신을 보호하기 위한 도구이다. 창은 생명을 빼앗기 위해 필요한 것이지만 방패는 생명을 보호하기 위해 필요한 것이다. 이것 중 어느 하나가 없다면 그것은 한 쪽 날개를 잃어 날지 못하는 새와 같다. 그런데 창과 방패, 이 둘을 합치면 '모순(矛盾)'이라는 비논리적이며 불가능성을 인정해야 하는 너무나 불편한 단어가 만들어진다.

새의 양쪽 날개처럼 꼭 필요한 것들이 합쳐진 것이지만 '합리(合理)'라는 진리의 절대적 판단 기준점에서 가장 먼 극점으로 추방된 금기의 단어가 되어버리고 만다. 하지만, 우리는 모순이 '합리'에 의해 억압당하고, 배제되어야 하는 부정적인 것이 아니라 오히려 '합리'를 초월한 반현실적인 곳에서, 즉 현실의 무대 뒤편에서 스토리와 인물들을 조정하는 연출가임을 알아야 한다.

'합리'는 서양인들이 '신(神)'으로부터 탈출하기 위해 만든 인간의 절대적 무기였다. 어쩌면 그것은 '창'에 해당될지도 모르겠다. 왜냐하면 인간들은 그 창으로 신의 세계를 잘라냈고, 신의 정령인 자연을 정복해 '근대(近代)'라는 그들만의 새로운 세계 속으로 '신과 자연'을 가두었기 때문이다. 그래서 '근대' 이후 거만해진 인간은 일방적으로 전진 혹은 공격만 하는 날카로운 창만을 다듬어왔다. 그래서일까, 그들의 사회 역시 날카로워져만 갔다.

근대 사회의 창끝은 신과 자연을 향한 것이었지만 지금은 인간으로 그 방향이 전환되었다. 그런데 이상하게도 현대인은 어느 누구도 방패를 가지고 있지 않으며 가지려고 하지도 않는다. 따라서 현대인들은 방패도 없이 찌름 혹은 찔림만이 존재하는 전쟁터 속으로 불안하게 자신을 던져놓은 것이다. 방패가 존재하지 않으니 창끝은 더 날카로워지고, 창은 더 길어질 수밖에 없는 것이다.

얼마나 어리석은 짓인가! 자신의 창끝이 더 날카롭고 더 길어진다면, 상대방의 창끝도 더 날카로워지고 더 길어져서 결국 자신도 찔릴 수 밖에 없다는 사실을 모르고 있으니 말이다. 이 시점에서 가장 필요한 것이 '방패'라는 사실을 그들은 모르고 있는 것일까? 아니면 창의 유용성, 상대방을 쓰러뜨려야 승리하는 원칙을 극대화하기 위해 방패의 존재를 스스로 외면한 것일까?

　도대체 왜 현대인들은 '방패'에 관심을 갖지 않는 것일까? 아마도 '창과 방패'를 함께 들고 달리는 것은 '모순'에 빠진 어리석은 짓이라 생각하기 때문일 것이다. 창을 들고 빠르게 공격을 해도 타인을 제압하기 힘든 세상에 무거운 방패까지 들어야 한다는 것은 '속도'가 생명인 사회에서 오히려 치명적인 약점을 키우는 것에 지나지 않는 것이리라. 여기서, '방패'는 오히려 속도를 조절하는 브레이크이거나 혹은 공격의 욕심을 내려놓고 안정을 취할 수 있는 '휴식'의 에너지라는 것을 그들은 인정하고 싶지 않은 것이다.

　모두가 '방패'를 가지게 된다면, 그들이 경쟁하던 창끝의 날카로움과 길이에 대한 욕망은 줄어들 수 있다는 사실을 그들은 모르고 있다. 즉 인간의 삶은 '창과 방패'를 양손이 쥐고 있을 때만이, 즉 모순의 소리에 귀 기울일 때 평화롭게 존재할 수 있는 것이다.

　원효는 우리의 삶이 '모순' 속에, 창과 방패가 공존하는 곳에서만 뿌리내릴 수 있음을 '화쟁사상(和諍思想)'으로 역설했다. 원효는 <십문화쟁론>에서 "유(有)를 싫어하고, 공(空)은 좋아함을 나무를 버리고 큰 숲으로 달려가는 것과 같다. 비유컨대 청색과 남색은 체가 같고, 얼음과 물은 근원이 같으니, 거울은 만가지 형상을 받아들이고, 물은 나누어지는 것과 같다."라고 역설했다. 이것은 개별적인 것에 대한 집착을 버리고 더 큰 것을 향해 나아가라는 깨우침이다. 그런데 여기서 중요한 것은 '개별적인 것에 관한 집착의 포기'이다. 이것은 큰 것을 위해 작아 보이는 개별적인 것들을 버리라는 말이 결코 아니다. 개별적인 것, 즉 대립의 각을 세우며 서로 찌르고 방어하는 것들을 더 우선시해야 한다는 점을 강조한 것이다. 다시 말해, '화(和)'는 '서로 다른 개별적인 존재'의 색깔을 인정할 때 가능한 것이며 나와 타자는 모두 동일하다는 감성적 동지애는 배척하는 것이다. 즉 단순한 '화해'의 개념을 넘어 '더 큰 것'을 만들어가는 대승적 차원의 단어이다. '쟁(諍)'은 말 그대로 다투는 것이다. 이 싸움은 날카롭고 뜨거워야 한다. 그런 싸움의 전제는 양 쪽의 '말'이 대등한 크기와 위치를 가져야 한다는 점이다. 만약 한 쪽의 말이 일방적으로 크다면, 이 싸움은 '대승(大乘)'하지 못하고 오히려 '공멸'할 수밖에 없기 때문이다.

하지만 더 큰 문제는 싸우지 않는 것이다. 그것은 한 쪽의 큰 주장에 대해 저항하지 못한 채 침묵으로 동조하는 것이며, 혹은 상대방의 주장을 일방적으로 무시하는 것이기 때문이다. '찌름(창)'과 '찌름의 방어(방패)' 곧 '쟁(諍)'과 '화(和)'의 대등한 공존만이 모두가 '대승(大乘)'할 수 있는 유일한 길이다.

'창과 방패', 이것의 공존은 오히려 우리를 '제대로' 싸울 수 있도록 도와주는 용기이다. 우리가 타자의 방패를 인식하는 한 자신의 창을 함부로 휘두르지 않을 것이며, 자신의 방패를 믿는 한 공격하지 못할 어떤 것도 없다고 자신할 수 있기 때문이다. 인간의 삶, 그것이 어떻게 '모순'의 다른 이름이 아닐 수 있을까? 양 손에 창과 방패를 들어라. 그럴 때 우리의 삶은 지속될 수 있으리라.

시간의 길을 따라 가라

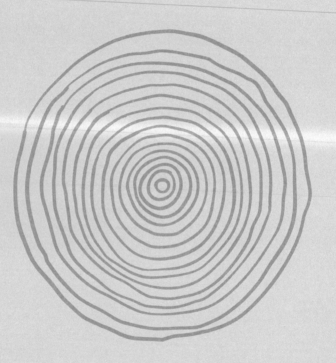

던지기

시간의 길을 따라 가라

조주 선생에게 한 수행자가 찾아와 말했다.

"저는 이제 막 총림에 발을 들여놨습니다.

잘 지도해 주셨으면 합니다."

선생이 말했다.

"아침에 죽 먹는 일을 아직 끝내지 않았는가?"

수행자가 말했다.

"아침밥은 이미 먹었습니다."

선생이 말했다.

"그럼 밥그릇이나 씻으시게."

통찰

아, 어렵구나! 조주가 하려고 한 말은 과연 무엇일까? 수행자여, 그대는 고개를 끄덕이며 그냥 '밥그릇을 씻을 것인가' 아니면 '죽 먹는 일을 다시 할 것인가?'. 만약 밥그릇을 씻는다면 조주가 그 밥그릇을 발로 차버릴 것 같고, 죽 먹는 일을 다시 한다면 그저 바라보기만 할 텐데. 어디에 거해야 할지 난감하구나. 하지만 수행자여, 다시 '죽 먹는 일'로 돌아가라.

논리의 대답

이제 조주의 가르침에 조심스럽게 다가가 보자. 눈을 크게 뜨고, 시간을 투자한다면 진리의 그림자라도 찾을 수 있지 않을까. 수행자의 첫 번째 발언에서는 '막'이라는 부사에 주목해야 한다. '막'은 지금부터 시작한다는 것으로 아무것도 가진 것이 없는, 즉 경험이나 진리가 '무(無)'인 상태를 예시한다. 그래서 수행자는 텅 빈 자신의 진리세계를 올바른 가르침으로 채우고자 한 것이다. 그런데 '잘 지도해주십시오.'라는 수행자의 부탁에 조주의 답변은 '아침 밥'을 먹었는지 여부를 확인하는 것으로 응대하고 있다. 하지만 조주의 이 응대는 단순한 인사치레가 아님이 분명한데 수행자는 그것을 깨우치지 못하고 있다.

그렇다면 조주의 응대가 왜 단순한 인사치레가 아닌가? 다시 그 문장으로 돌아가 보면, "아침에 죽 먹는 일을 아직 끝내지 않았는가?"에서 중요한 단어는 '아직'이라는 부사이다. '아직'이라는 부사는 지금도 어떤 행위가 진행되고 있는지 아니면 완료되었는지를 묻고 있는 것이다. 그런데 잠깐만 생각해보아도 그것은 '아침밥'에 관한 질문이 아님을 알 수 있다. 왜냐하면, 수행자가 가르침을 부탁하는 순간에는 '아침밥'을 먹고 있는 상황이 아니라는 것을 조주가 모를 리 없기 때문이다.

그런데 수행자는 '아침 밥'을 진짜 '아침 밥'으로 받아들이고 있으니 애석하기 그지없다. "아침밥은 이미 먹었습니다."라고 답변한 것은 '아침밥'에 방점을 찍은 것이 아니라 '먹었다'라는 완료 상태에 방점을 찍은 것이다. 수행자의 이 대답은 처음에 자신이 한 말과 배치된다. 왜냐하면 자신은 지금 '막' 총림에 들어섰기 때문에 아무것도 아는 것이 없는 '무'의 상태라고 말했는데 아침밥을 먹었다면 그는 벌써 배를 채운 것이고 속이 텅 빈 상태가 아니기 때문이다.

이렇게 자기 모순적 발언을 하고 있는 수행자에게 조주는 더 이상 가르칠 것이 없다고 생각한다. '아침 밥'을 먹어 배가 부른 상태에 더 넣어 줄 것도 없으며, 넣어 주려고 해도 배가 부른 그는 먹으려 하지도 않을 것이기 때문이다. 그래서 조주는 '다 먹은 밥그릇을 씻으라'고밖에 할 수 없는 것이다. 그렇다면, '밥그릇을 씻는다'는 것은 어떤 의미를 가지는가? 그것은 너의 하던 일을 계속하라는 것으로서 더 이상 줄 것이 없다는 조주의 체념일 수 있다.

이번에는 수행자가 '아침밥을 먹었는가?'라는 조주의 말을 제대로 이해했다는 가정에서 대화를 분석해보자. 이때의 '아침밥'에서 중요한 것은 '아침'이라는 시간이다. 조주는 점심이나 저녁밥을 물을 수도 있었다. 하지만 '아침'을 선택한 것은 그것이 먹는 시간에서 가장 앞서 있기 때문이다. 여기서 '아침'이라는 시간과 수행자의 말 중에서 '막'이라는 부사에 주목해 보면 '시작' 혹은 '처음'의 시간적 범주가 중요함을 알 수 있게 된다. 그렇다면 수행자는 아침밥을 먹는 것의 '완료' 즉 진리의 기초나 기본은 다지고 왔음을 말한 것이다. 따라서 조주가 해줄 수 있는 일은 그 다음 단계의 지식으로 나아가게 길을 열어주는 것이다. 그것은 다름이 아닌 자신이 먹은 밥그릇을 씻는 것이다. '밥그릇'을 씻지 않고서는 점심과 저녁을 결코 먹을 수 없을 테니 말이다. 따라서 '밥그릇을 씻으라'는 조주의 가르침은 너무나 당연한 이치이면서도 중요한 것이 될 수밖에 없다. 여기서 더 깊게 '밥그릇 씻는 행위'로 들어가 보면, 그 행위는 밥 먹은 후의 일련의 과정에만 머무르는 것이 아니라 '텅 비워진 그릇'을 보며 동시에 자신을 비워야 하는 성찰의 행위가 되는 것임을 알 수 있다.

결국 밥을 먹는 것, 즉 무엇인가를 채우는 행위보다 '씻는 것', 즉 비우는 행위를 통해 자신을 비춰보는 것이 중요한 일임을 이해할 수 있다. 가장 일상적인 일, 비록 그것(밥그릇 씻는 행위)이 하찮아 보여도 그것은 다른 것과 비교할 수 없는 그것만의 진리를 가지고 있는 것이다.

우리는 오늘도 아침, 점심, 저녁을 진수성찬으로 차리기 위해 눈에 불을 켜고 세상에 달려들고 있다. 하지만 불룩해진 배를 두드릴 뿐, 쌓여진 설거진 더미는 쳐다보지도 않는다. 배부른 이들이여, 이제 자신의 밥그릇은 자신이 씻자, 남의 그릇까지 씻어준다면 그것이야말로 '금상첨화'이겠지만 말이다.

되묻기

하루는 향곡 선생의 제자인 진제가 물었다.

"부처와 조사(祖師)가 아는 것을 묻지 않습니다.

부처와 조사가 몰랐던 것을 일러주십시오."

"구구(九九)는 팔십일(八十一)이니라."

진제가 다시 말했다.

"그것은 이미 부처와 조사가 아신 것입니다."

"육육(六六)은 삼십육(三十六)이니라."

답해보라

떠오르는 것

벙어리는 큰 소리로 묘한 법을 말하고
귀머거리 먼 곳에서 속삭임을 들을 때,
무정한 만물들은 찬탄하면서
밤중에 모두 모여 허공에 앉아 있네.

어느 선사가

넘어서기

신과 인간

이슬람 경전 『코란』은 '읽기'라는 어원을 가지고 있다. 그런데 『코란』에는 "계시를 조급히 굴며 너의 혀를 움직이지 마라"라고 쓰여 있다. 그렇다면 '읽기'란 무엇을 말하는 걸까? 『코란』의 원본은 인간이 읽을 수 없는 '신의 언어'로 되어 있었다고 한다. 그런데 역설적이게도 그것을 '읽고' 다시 쓴 것이 오늘날의 『코란』이다. 특히, 신의 언어를 해석해낸 사람들이 '남자'들이며, 그로 인해 말할 수 없는 것들을 말하는 모순을 범하고 말았다는 점이 중요하다. '남자'들이 '신의 언어'를 인간의 언어가 아닌 '남자의 언어'로 해석하면서 이슬람 여성들의 눈에서는 검은 눈물이 흐르기 시작했기 때문이다. 분명 무함마드는 "이 세상에서 사랑해야 할 것은 세 가지가 있다. 그것은 여자요, 좋은 향기와 기도다."라고 했는데도 말이다.

읽으면 그것이 무엇이든 그것은 넓어진다. 읽는다는 것은 '읽지 못함'의 시작점에서 비롯하기 때문이다. 넓어지는 순간 경계는 점점 사라지거나 희미해진다. 즉 안과 밖이 사라지면서 밖의 존재를 인식할 수 없게 된다. 남자들의 세계가 넓어지면서 여자들의 존재가 밖으로 밀려난 것이 이슬람 세계이다. 『코란』에 의해 세계의 주체가 된 남자들은 여자들을 인식의 존재 범주에 넣지 않게 되었으며, 사랑과 보호의 대상이라기보다는 자신들의 소유물, 마음대로 버리거나 파괴적 폭력을 사용할 수 있는 대상으로 전락시켜 버렸다. 따라서 아무것도 구별된 모습을 가질 수 없는 검은 색(아랍 여성의 의상)은 흰색(아랍 남성의 의상)의 존재 증명을 위한 바탕으로서만 존재 의미를 가지게 되었다. 그것이 히잡의 눈물, 이슬람 여성의 차별적 고통의 역사이다.

『코란』은 '신의 언어' 곧 만물의 제 1원인으로서의 '여성(어머니)'은 제거되고, 생산된 것 즉 결과물로서의 '남성'이 오히려 원인인 양 주도권을 장악한 후 빚어낸 모순의 꽃이 되어버렸다. 따라서 '신의 언어를 가진 여성들'은 남성들의 언어로 해석되고 기록된 『코란』을 읽을 수 없게 되었다. 결과적으로 『코란』은 창조와 생산의 어머니인 여성을 이슬람 뜨거운 사막 한가운데로, 검은 장막의 어둠 속으로 더 깊게 밀어 넣어버린 꼴이 되어버렸다.

역설의 주체인 남성들이여, 그대들이 만든 신은 결코 신이 될 수 없음을 명심하라. 당신들의 해석이 『코란』에 덧붙여질수록 신은 당신들과 더욱 멀어질 것이며, 당신들은 검은 사막 속에서

신을 잃고 헤맬 것이다. 당신들이 흰색을 버릴 때, 검은색이 너희를 사막 끝에서 구원해줄 것이다.

「창세기 11」장에서는 "여호와께서 그들을 거기서부터 온 지면으로 흩어버리자, 그들이 마침내 도시 세우기를 그만두었다. 그래서 그 이름이 바벨이라 불렸는데, 거기서 여호와께서 온 땅의 언어를 혼란시켰기 때문이다."라고 말하고 있다.

여기서의 모순도 '인간의 언어'로부터 시작된다. 신은 자신에게 도전하는 인간들, 그것의 상징으로서의 바벨탑을 무너뜨리기 위해 하나였던 언어를 서로 알아들을 수 없는 여러 언어로 나누고 인간들의 소통을 막아 버렸다. 하지만 그렇게 다양해진 언어는 오히려 신과의 소통을 막는 신의 재현물로 작용하기 시작했다. 따라서 신에 대한 언어적 분석과 찬양이 늘어나는 것은 재현의 재현을 거듭하는 결과만 낳을 뿐이다. - 플라톤이 현실계를 이데아계의 모방으로 간주하고 현실계를 모방한 그 무엇이든 점점 더 이데아계의 모방으로 간주하고 현실계를 모방한 그 무엇이든 점점 더 이데아계로부터 멀어지는 모방의 모방으로 간주한 것과 같다. - 신의 위력 즉, 신의 본질을 보여주고자 한 언어의 분열이 오히려 신의 본질을 쪼개고, 재현에 머물게 함으로써 역설적이게도 신의 존재를 부정하는 결과로 이어지고 있는 것이다. 신은 자신이 던진 창이 부메랑이 되어 돌아올 것이라고 생각하지 못한 것 같다. 인간 역시 신을 섬기고 복

종하는 길로서, 언어적 신격화가 오히려 신으로부터 멀어지는 모순적인 행위임을 지금껏 눈치 채지 못하고 있다.

　불교도 이와 다르지 않다. 특히 선종에서는 "길거리에서 부처를 만나면 부처를 죽여라"라고 가르치지 않았던가. 이런 모순적인 가르침이 '부처'를 신으로 모시는 스님들의 입에서 나오다니 얼마나 역설적인가? 하지만 이런 역설적 혼란스러움은 두 스님의 대화를 통해 깨끗이 해소된다.

　"나(단하 선사)는 부처를 태워서 사리(射利)를 얻으려는 참일세." 원주 선사는 화를 내며, "목불인데 무슨 놈의 사리가 있단 말이오!" 단하 선사가 말하길, "만약 사리가 없는 부처라면 불을 땠다고 해서 나를 책할 것이 없지 않소!"

　그렇다면 과연 '부처(신)'은 어떻게 존재해야 하는가? 지금까지의 신은 인간의 언어로 추상화되거나 혹은 물(物)적인 것으로서 형상화되어 인간의 감각 속에서 존재해 왔다. 그리스 신화에서처럼 인간의 욕망이 언어 속에 담긴 채 한 편의 서사적 구조로부터 탄생되어 지금까지 확장되고 재생산을 반복하고 있는 것이다. 인간이 신을 만들고, 형상적 존재로서의 신이 실존적 인간을 지배하는 모순적 관계가 지금껏 유지되고 있는 것이다.

　감각 속에 존재하는 형상적 존재로서의 신, 그것은 분명 도깨비와 다르지 않음에도 불구하고 역설적이게도 모든 종교인들은 자신의 공간에서 가장 높고 중심적인 자리에 그들을 안치시키고 자신의 눈을 멀게 만들고 있다. 결국 인간은 어디에서든 그리고 언제든 만날 수 있는 '존재자로서의 신'을 가지게 되었으며, 동시에 그 순간마다 '존재로서의 신'은 사라져버리는 역설적인 상황을 만들고 말았다. 결코 신은 인간의 언어적 해석 속에 존재하지 않으며, 감각 속에서 인간을 내려다보고 있지도 않다. 신은 늘 '인간 너머'에 존재할 뿐이다.

'신비(神婢)' 즉 신의 비밀, 이 단어는 어원적으로 '눈과 입을 닫는다'라는 의미이다. 인간들이여, 신의 존재를 알고자 한다면, 알량하기 짝이 없는 그대들의 '눈과 입'을 제거하라. 형상에 집착하지도, 말로써 소문을 만들지도 말라. 신을 만나고자 할 때는 인간적인 것들을 먼저 버려라. 그럴 때 신은 우리의 호흡 속으로 흘러들고, 부드럽게 불어오는 미풍으로 우리 귀에 속삭이고, 뮤즈의 음색으로 우리의 입술 위에서 노래할 것이다.

신이여, 인간이 만든 '모순의 감옥'에서 울고 있는 신이여! 모순이 사라진다면, 당신들(신)도 인간들에게서 사라질 것이니 이것도 또한 슬픈 모순이 아니겠는가!

나의 등불은
회오리바람에도
꺼지지 않을 수 있는가?

나의 등불은 회오리 바람에도
꺼지지 않을 수 있는가?

덕산이 용담 선생을 찾아가 가르침을 청하다 밤이 깊어졌다.

용담 선생이 덕산에게

"밤이 깊었는데 자네는 어찌 물러가지 않느냐?"라고 했다.

덕산은 "고맙습니다."하고 인사를 한 뒤 바깥으로 나갔다.

바깥은 온통 칠흑처럼 깜깜했다.

덕산이 이를 보고 돌아와서

"바깥이 매우 깜깜합니다."라고 했다.

용담 선생은 지촉에 불을 켜서 덕산에게 주었다.

덕산이 받아들려고 하자

용담 선생이 그 불을 훅 불어서 꺼버렸다.

통찰

덕산은 과연 깨우침을 얻었을까? 깜깜한 밤을 작은 '지촉의 불'도 없이 헤쳐 나갈 수 있을까 걱정이다. 하지만 덕산에게 '지촉의 불'이 있었다고 할지라도 그것으로 깜깜한 밤을 건널 수 없었을 것이다. '지촉의 불'은 아주 작은 바람에도 금방 꺼져버릴 테니까 말이다. '바깥의 깜깜함' 그것은 '무명(無明)'의 상태이다. 이것을 통과하기 위해서는 '내 안의 깜깜함'부터 밝혀야 할 것이다. '내 안의 밝음'은 어떤 폭풍우가 몰아쳐도 꺼지지 않는 등불이기 때문이리라.

논리의 대답

덕산이 용담 선생에게 가르침을 청하다보니 어느 덧 밤이 되었다. 그러자 용담 선생은 덕산에게 "밤이 깊었는데 자네는 어찌 물러가지 않느냐?"라고 묻고 있다. 하지만 이것은 물음이라기보다는 꾸중에 가깝다. 그렇다면 용담 선생의 이 말을 다시 한 번 곱씹어보자. 왜 가르침을 청하러 온 손님에게 용담은 하룻밤 묵어가기를 청하지 않고 오히려 칠흑 같은 어둠 속으로 내몰고 있는걸까? 여기서 중요한 것은 '밤이 깊었다'는 시간적 흐름이다. 두 사람 사이에 가르치고 배우는 시간이 길었다는 것은 용담에게 썩 기분 좋은 일이 아님을 짐작할 수 있다. 왜냐하면 한 두 마디로 충분히 깨우침을 줄 수 있는데 덕산은 그것을 쉽게 받아들이지 않고 논쟁을 벌였을 것이기 때문이다. 따라서 '밤이 깊었다'는 문장은 중의적 의미를 내포하고 있는 것이다. 하나는 시간의 흐름과 더불어 덕산의 마음이 더 깊은 의심 속으로 빠져들었음을 말함이다. 다시 말해 용담 선생은 덕산에게 밤이 깊도록 가르침을 주려고 했지만 덕산의 마음은 환해지기는커녕 더 캄캄해진 것이다. 다른 하나는 말 그대로 시간이 흘러 칠흑 같은 밤이 찾아 온 것이다.

이제, 덕산의 "고맙습니다."라는 인사에 내포된 의미를 파악해보자. 이것은 진심어린 감사의 인사가 아니라 형식적인 인사 치레이다. 아직 용담 선생의 가르침을 받아들일 수 없는 상태에서 나온 짧은 항변이다. 이렇게 둘의 대화 혹은 가르침은 아무런 성과 없이 끝이 나는 것 같아 보였다. 그리고 덕산이 밖으로 나가려다 발견한 것은 "바깥이 매우 깜깜하다"라는 사실이다. 여기서 '매우'는 중요한 부사이다. '매우'라는 부사를 통해 '깜깜함'을 강조하고 있는 것은 자신이 스스로 어둠을 헤쳐 나가기 힘들다는 것을 자인하는 것이기 때문이다. 만약 덕산이 용담선생에게서 깨우침을 얻었다면 '밖의 깜깜함'은 보이지 않았을 것이며 오히려 대낮처럼 환하게 보였을 것이다. 하지만 '밖의 깜깜함'에 당황한 손님에게 용담 선생은 친절하게 '지촉의 불'을 건넨다. 그리고 그것을 받아들려고 하는 덕산 앞에서 냉정하게 불을 꺼버린다.

'지촉의 불'을 끄는 행위, 이것이 용담 선생이 덕산에게 주는 마지막 가르침이다. 아주 작은 '지촉의 불'로는 저 깜깜한 밤을 통과할 수 없다는 것을 알려주고자 한 것이다. 이때 '지촉의 불'은 덕산이 가지고 있는 '앎의 정도'라고 할 수 있을 것이다. 자신의 얕은 지식은 오히려 더 큰 진리의 길로 나가는 것을 가로막는 것이며, 그것을 가지고 세상을 헤집고 다니는 것은 깜깜한 밤을 '지촉의 불'을 들고 불안하게 걷는 것과 다르지 않음을 보여준 것이다.

혹시 우리도 '지촉의 불'을 가지고 있으면서 그것이 깜깜한 어둠을 충분히 헤쳐 나갈 수 있는 횃불이라고 착각하며 살고 있는 건 아닐까?

되묻기

조주가 투자 선생을 찾아가 물었다.

"크게 한 번 죽은 사람이 다시 살아난다면

어떻게 하겠습니까?"

선생은 이렇게 대답했다,

"밤에 다니지 말고 날이 밝으면 다시 오게."

답해보라

떠오르는 것

행복한 노스텔지어

…,

그 어떤 거리도 너를 물러서게 하지 않고

매혹되어, 너는 급히 날아오는구나!

아 드디어, 빛의 연인이여

너는 소멸되었구나, 오 나방이여

죽어라 그리고 되어라

이것을 이해하지 못하는 한

너는 암흑의 대지 위에

어두운 손님에 지나지 않는다.

괴테

넘어서기

밝음과 어둠

"우리는 모두 감옥에 갇힌 죄수이다." 이 문장은 비트겐슈타인이 우리의 어둠을 향해 던지는 무서운 창이다. 우리를 가둔 감옥, 그것은 누구도 탈출할 수 없는, 영화 〈빠삐용〉에서 주인공이 갇힌, 바다 한가운데 존재하는 고독한 섬, 주위에 식인 상어만이 넘치는 그런 곳이다.

감옥에서의 탈출은 곧 죽음이다. 그 감옥은 우리가 직접 만든 것으로서 자신만의 감성과 편향된 지적 추구 방식이 벽돌처럼 하나하나 쌓여진 곳이다. 그리고 그것이 무너질 것이라는 의심은 식인 상어에게 던져준 지 이미 오래다. 이 감옥에 갇힌 우리는 스스로가 죄수라고 생각해 본 적도 없다. 그래서 탈출도 시도하지 않는다. 오히려 식인 상어들 너머에 있는, 그래서 그 감옥으로 들어오지 못하는 사람들을 오히려 죄수라고 생각할 뿐이다.

이 감옥에는 햇빛이 들지 않는다. 자신이 쌓아올린 감성과 편향된 지식의 견고함이 어떤 햇빛에게도 틈을 허락하지 않기 때문이다. 그곳은 오직 어둠이 지배한다.

이 감옥의 역사는 인간의 탄생과 함께 시작되었다. 고대 철학자 플라톤의 『향연』을 보면, "한편 완전히 무지한 자들도 철학을 하지 않으며, 지혜롭기를 갈구하지도 않는다. 그 이유는 무지(無知)라고 하는 것이 실제로는 전혀 아름답지도 훌륭하지도 않은 사람들로 하여금 자신들이 충분히 아름답고 훌륭하며 지혜로운 사람이라고 착각하게 만들어주는 불행한 것이기 때문이다."라고 말하고 있다. 그래서 철학자들은 끊임없이 그 감옥에서 탈출하라고 외쳤다. 자신의 어둠에서 벗어나 밝음을 얻을 수 있도록 그 길을 안내했던 것이다.

밝음을 찾는 것은 의외로 간단하다. 자신을 알면 되는 것이다. 그것은 자기의 감옥 안으로 들어오는 어떤 것도 자신의 것과 같지 않으며, 동시에 그 어떤 것도 자신에게 또는 타인에게 기준이 될 수 없다는 것을 인식하는 것이다. 하지만 그 밝음은 보통의 인간들에겐 낯설고 불편한 것이었다. 왜냐하면 자신의 감옥 안에 존재하는 것들이 일차적으로 그것들을 걸러내고, 혹여 그것을 통과했다고 할지라도 그것들을 세상의 잣대로 삼기에는 자신의 것들보다 부족하다고 생각했기 때문이다. 어둠에 길들여진 사람들은 밝음이 주는 눈부심으로 인해 오히려 눈을 뜨지 못한 채 길을 잃어버릴 것이라는 두려움이 더 컸던 것이다.

이렇게 어두운 감옥에서 탈출하라고 손짓하는 이가 어디 플라톤뿐이었겠는가? 동양의 철학자 장자는 플라톤과 달리 '타인이 만든 감옥'의 어둠 속에서, 그것이 자신의 집인 양 의심 없이 누워있는 개인들에게 빛을 주고자 노력했다. 『장자』 외물편에서 그는 "육률을 휘젓고 피리나 거문고를 불살라 사광의 귀를 막아 버리면 세상 사람들은 비로소 본래의 귀 밝음을 갖게 된다. 문장을 없애고 갖가지 무늬를 흩뜨려 이주의 눈을 봉해 버리면 세상 사람들은 비로소 그 본래의 밝음을 가질 수 있게 된다. 그림쇠와 먹줄과 곱자를 부수고 내던져 공수의 손가락을 꺾어 버리면 세상 사람들은 비로소 그 본래의 재주를 가질 수 있게 된다."라고 말했다. 이것은 사광, 이주, 공수의 지식과 능력은 사람들이 만든 거짓된 것으로서 그것의 어둠에서 벗어날 때, 음악, 글, 건축의 밝음을 맛볼 수 있다고 말한 것이다. 사람들이 만든 진리 혹은 판단의 기준은 어둠에 지나지 않으며, 그것에서 자유로워질 때, 하지만 동시에 나만의 편견에도 빠지지 않을 때, 밝음을 만날 수 있다고 장자는 역설했던 것이다.

앎의 역사적 어둠은 '과거의 지적 권위'로부터 빚어졌다. 선인들이 만든 것들에 대한 맹신이 그것이다. 전통의 지적 권위를 무시하거나 의문시한다는 것은 자신의 목숨을 걸어야 하는 위험한 행위였다. 갈릴레이 갈릴레오가, 찰스 다윈이, 연암 박지원이 그러지 않았던가. 우리는 '과거의 지적 권위'에 순종하는 것에서 비록 어둠일지라도 삶의 평온함을 보장 받을 수 있었다. 그것은 곧 도덕인 동시에 제도이며 질서였다. 따라서 어둠, '과거의 지적 권위'를 제거하려는 행위는 비도덕적 행위, 반역으로서의 광기, 타인의 삶을 파괴하려는 불온한 것이었다. 절대적인 것에 대한 도전과 상대적인 것에 관한 열망은 헛소리로 공중에서 맴돌다 거품보다 쉽게 부서져 버렸다. 결국, 시대의 밝음이란 오로지 어둠을 더 깊게 파고들어 어둠을 더 짙게 만드는 것뿐이었다. '과거의 지적 권위'에서 벗어난 어떤 것, 새로움의 이름을 가지려고 하는 것들, 그것이 무엇이든 그런 것들은 태어남과 동시에 죽어야 하는 운명이었다. "나는 내 스승들로부터 해방되는 나이가 되자 학교 공부를 집어치워 버렸다."라고 말한 데카르트처럼 학교라는 지적 권위의 어둠에서 도망쳐 나오지 못하고 있었던 것이다.

하지만, 더 무서운 것은 현재 만들어지고 있는 어둠의 감옥이다. 그것은 과거보다 더 거대하고 단단한 타인의 감옥, 그리고 그 안에서 다시 쌓아올린 자신만의 감옥이다. 타인의 감옥에 의해서 차단된 햇빛이, 다시 한 번 자신의 감옥에 의해 완전히 차단되면서 우리의 무명(無明)은 더욱 두꺼워져 가고 있다.

특히 짙은 어둠은 '집단 지성'이다. 문제는 '집단 지성'의 방점이 지성에 있는 것이 아니라 집단에 있다는 점이다. 현명함으로 혹은 밝음으로, 지성이 검증되고 체계화되는 것이 아니라 고함소리가 큰 집단의 논리로 어둠이 강제되고 있는 것이다. 거대한 집단의 힘이 개인의 지성을 파괴하고 억압하면서 어리석음을 넘어 우후죽순처럼 자라나는 불순한 어둠이 되어 세상을 지배하고 있다. 그것은 확대 재생산의 힘을 가지고 있다. 그로 인해 작은 밝음일지언정 그것을 밝히고자 했던 개인들도 힘의 논리에 편승해 어둠 속으로 기어들고 있다. 결국, 이 세상은 칠흑같은 어둠에 갇혀버렸다. 희미하게나마 빛나고 있던 밝음도 이제는 사라지고 없다. 집단 지성의 어둠은 무서운 태풍이다. 개인의 양초불 같은 아주 작은 밝음을 결코 용납하지 않으니 말이다.

내가 안다고 함이 진정 모르는 것이 아닌 줄을 알 수 없듯이, 내가 모른다는 것이 진정 아는 것이 아닌 줄을 알지 못하는 것이 밝음이요, 무명에서 벗어나는 길이다. 집단이 만든 앎에 용기있게 도전하고, 자신이 만든 앎을 스스로 파괴할 때, 비로소 밝음이 도래할 것이다.

내 길 위에
이정표는 누가 만들었는가?

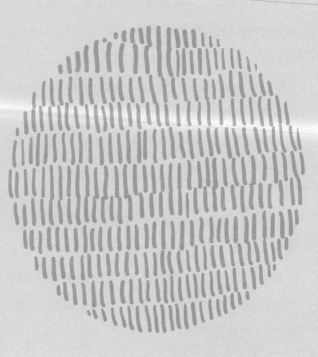

던지기

내 길 위에 이정표는 누가 만들었는가?

한 수행자가 노파에게 물었다.
"오대산으로 가려면 어떻게 가야 합니까?"
그러자 노파는 '곧장 가라'고 일러주었다.
그가 서너 발자국 옮기자 노파가 말했다.
"참 멀쩡한 스님이 또 저렇게 가시는구먼."

통찰

노파의 깨달음, 그 높은 경지를 그 누가 알랴? 노파의 말 한 마디, "곧장 가라."는 수행자뿐만 아니라 우리에게도 큰 울림이다. 아마도 우리 모두는 곧장 가지 못하고 굽은 길 위에서 우왕 좌왕 헤매면서도 그것이 곧장 가는 길이라 믿고 있으리라. 하지만 더 중요한 것은 수행자들과 우리는 '곧장 가야 하는 그곳'조차 알고 있지 못한다는 점이다. 가야 할 곳을 분명하게 인식하지 못하고 있다면, 수행자나 우리는 아무리 노력해도 '곧장 갈 수 있는 길'을 찾을 수 없을 것이다. 하지만 자신이 가야할 곳, 그것도 참된 목표점을 가지고 살아간다면, 그 삶 자체가 '곧장 가는 길'이리라. '곧장 가라'는 노파의 목소리가 귀에 쟁쟁하게 울린다.

논리의 대답

　이제, 범상치 않은 노파의 철학 속으로 들어가 보자. 평생 수행만 하는 이들도 깨닫지 못한 삶의 진리를 섬뜩하게 던져주는 노파의 말 한 마디. 하지만 수행자들은 그것을 그저 친절한 노파의 '길 안내' 쯤이라고 생각하고 있으니, 노인은 그저 혀끝만 찰 뿐이다.

　수행자의 질문을 보면 '오대산'으로 가는 방법, 길을 묻고 있다. 그렇다면 수행자들이 가는 최종 목적지는 '오대산'이다. 아마도 수많은 수행자들이 '오대산'을 찾았으며 그 길을 노파에게 물었던 것이리라. 왜냐하면, 노파의 마지막 혼잣말 속의 '또'라는 부사는 어떤 일이 거듭하여 발생했다는 것을 말해주는 것이기 때문이다. 그렇다면 수행자들의 최종 목적지인 '오대산'의 의미가 무엇인지 알아야 한다. 그러나 '오대산'의 의미를 파악하는 것은 그렇게 어렵지 않다. 오대산을 찾는 이들은 등산객이나 일반인들이 아닌 '수행자들'이다. 그렇다면 그곳은 '진리가 존재하는' 혹은 '진리로 가는 길을 배울 수 있는 곳'이리라.

　그렇다. 그들에게 '오대산'은 성스러운 곳이고, 그들이 가는 길의 종점이었던 것이다. 그래서 친절하게 노파는 대답한다. "곧장 가라."라고. 그런데 수행자들이 물은 오대산으로 가는 '길'과 노파가 말하는 '길'은 다른 것이다. 수행자들이 물은 '길'은 구체적인 목적지와 연결되어 있는 공간적 개념으로서의 그것이다. 하지만 노파에게서의 '길'은 추상적 것으로서, 진리로 향하는 '방향성' 혹은 '문(問)'을 가리킨다. 그런데 수행자들 누구도 이 뜻을 이해하지 못했고 모두 다 공간적 개념으로서의 '길'에만 매달려 왔던 것이다. 그래서 노파는 어리석은 수행자들을 보고 "또 저렇게 가시는구면."이라고 말하며 슬퍼한 것이다.

이제 노파가 말한 '곧장 가라'는 답변으로 돌아가 보자. 어떻게 가는 것이 곧장 가는 것일까? 그것은 '곧장'이라는 단어 속에 이미 해석이 들어있다. '곧장'은 '옆길로 빠지지 말고 그대로'라는 의미이다. 그렇다면, 노파는 수행자들이 옆길로 빠지고 있는 것을 경계하고 있는 것이다. 그래서 '곧장 가라'고 깨우쳐주었음에도 불구하고, 수행자들은 잘못된 그 길을 그저 가고 있으니 애석하기 그지없는 노릇이다.

그렇다면 여기서 '옆 길'은 어디일까? 그것은 그들이 가는 곳, '오대산'이 바로 그 길이다. 왜냐하면, 노파는 '오대산'으로 향하는 수행자들을 보고 혀를 차고 있기 때문이다. 결국, 노파가 말하는 '곧장 가라'의 가르침은 '오대산'과 같은 특정한 공간이나 형상물들에는 '진리'가 결코 존재할 수 없으니 그런 것들에 매달리지 말라는 것이다. 따라서 수행자들에게 남은 것은 그들이 찾는 진리가 '어디'에 있는지부터 제대로 파악하는 것이다.

그 곳은 '밖'이 아닌 '안'이며, '타자'가 아닌 '나'라는 장소임을 깨닫는 것이리라. 그것을 발견하는 것이야말로 '곧장 가는 것'이리라.

되묻기

마조 선생이 어느 날 길을 가다가

들오리가 날아오르는 것을 보았다.

선생이 백장에게 물었다.

"저것이 무엇이냐?" "들오리입니다."

"어디로 갔느냐?" "저쪽으로 갔습니다."

그 순간 마조 선생은 백장의 코를 힘껏 잡아 비틀었다.

백장은 아픔을 참지 못하고 비명을 질렀다.

이때 마조 선생이 백장에게 말했다.

"가긴 어디로 날아갔단 말이냐!"

답해보라

돈환의 가르침

어떠한 길도 하나의 길에 불과한 것이며,

너의 마음이 원치 않는다면 그 길을 버리는 것은

너에게나 다른 이에게 무례한 일이 아니다···

모든 길을 가까이, 세밀하게 보아라

네가 필요하다고 생각하면 몇 번이고 해보아라.

이 길이 마음을 담았느냐? 그렇다면 그 길은 좋은 것이고.

그렇지 않다면 그 길은 소용없는 것이다.

카를로스 카스타네다

보다와 읽다

『중용』 1장에는, "그래서 군자는 그 보이지 않는 것에도 경계하고 삼가며, 그 들리지 않는 것에도 두려워한다. 숨은 것보다 더 잘 드러나는 것은 없으며, 세미한 것보다 더 잘 나타나는 것은 없다. 그러므로 군자는 홀로 삼간다."라고 말한다. 그렇다. 군자의 행동처럼, 보이지 않는 것을 경계할 수 있다는 것은 보이지 않는 것을 '읽는다'는 것으로, 보이지 않는 것은 누구나 읽을 수 없는 것이므로 공포스러운 것이다. 보이지 않는 것은 너무나 명백한 의지나 정신으로서 누구나 볼 수 있는 행위적인 것과는 다르다. 행위는 하나의 사건을 만들뿐이지만 의지나 정신은 모든 것을 파괴할 수 있다. 이에 반해 '보이는 것'은 경계의 대상이 되지 못하며 그것은 '읽는 것'과는 거리가 먼 단순한 표상에 불과하다. 그래서 '보이는 것'은 숨을 수 없는 사건으로 '읽는 것'을 갖지 못한 나약한 것인 동시에 불행한 것이다.

'보이지 않는 것'은 '존재하는 것'에 대한 '가장 완벽한 표현'이다. 그렇다면, 보이지 않는 것은 어디에 존재하는가? 보이지 않는 것은 보이는 것(뒤)에 혹은 보이는 것과 보이는 것 사이에 존재한다. 마르셀 뒤샹의 작품, 〈변기〉에서 관람자들에게 변기는 너무나 선명하게 '보인다'. 그래서 다른 어떤 것을 생각할 틈을 주지 않는다. 하지만 관람자들은 보이는 것, 〈변기〉에서 마르셀 뒤샹이 보여주고자 했던 것, 즉 보이지 않는 것을 보지 못한다. 보이지 않는 것이 보이는 것 속에 깊게 들어 앉아 자신을 좀처럼 밖으로 드러내지 않기 때문이다. 만약, 보이는 변기에서 보이지 않는 것을 관람자들이 '읽었다'면 그것은 더 이상 작품, 〈변기〉가 아닌 그냥 변기가 되어버리고 말 것이다.

이처럼 예술적 작품은 관람자들에게 '읽히지 않는 것'이다. 관람자가 예술 작품을 '읽는 순간' 관람자는 그 '작품'이 되거나 혹은 '작가'가 되는 것이다. 작가의 의지나 정신과 하나가 되었기 때문이다. 아마도 이것은 불가능한 일일 것이다.

문학 작품도 마찬가지다. 독자들은 '단어'들을 보는 것에 집중한 나머지 단어들 '사이' 혹은 '사이들'의 연결으로서의 '문장'을 '읽지' 못한다. 작가는 단어들 '사이'에 자신의 호흡을 숨겨 놓았으며, '문장' 속에 작품의 뿌리를 심어 놓았다. 단어들 '사이'가 많아지면서 작품은 더 깊은 안개 속으로 숨어버리며 독자의 눈은 안개 속에서 아무 것도 보지 못한 채 방황할 수밖에 없다. 하지만 독자는 단어만을 보면서도 자신이 안개 속에서 헤매고 있다는 사실조차 인지하지 못한 채 마지막 책장을 덮는다. 독자는 책을 '보았지'만 '읽지'는 못했다. 독자들은 '있는 그대로의 세계'를 친숙한 '단어'로 재현해 놓은 것이 책이라고 생각하기 때문이다. 하지만 작가들은 세계가 만들어 내는 보이지 않는 가치들을 낯선 거리, 즉 단어들 사이와 사이의 연결선 위에 배치한다. 따라서 '읽는 것'의 가능성에 접근하기 위해서는 '보는 것'에 대한 익숙함을 버려야 한다. 즉, '보는 것'이 '읽는 것'에 대해 가지고 있는 절대적 승리의 도취감에서 벗어날 때만이 문학을 '읽을 수 있게' 된다.

플라톤의 이데아는 '보이는 것'과 '읽는 것'을 이원화한 철학적 개념이다. 플라톤은 현상계와 이데아계로 이원화하면서 현상계를 이데아계를 모방한 세계로 보았다. 이때 현상계는 가시적인 세계로서 우리의 눈에 완벽한 것으로 보이지만 결국 그것은 보이지 않는, 존재의 원형들이 모인 이데아 세계의 불완전한 모습에 지나지 않는다. 하지만 보이는 세계에 대한 가시성의 절대적 믿음은 보이지 않는 세계에 대한 불신을 잉태하고, 보이지 않는 것을 영원히 읽지 못하게 만들고 만다. 그래서 인간은 예술도, 문학도, 존재하는 그 어떤 것도 그저 보는 것일 뿐 읽지는 못한다.

하지만 더 슬픈 것은, 예술도 문학도 '보이지 않는 것'의 집인

'은유'를 점점 잃어가고 있다는 점이다. 은유는 보이지 않는 것들이 내뱉은 커다란 말이다. 별의 빛을 묘사했다면 그것은 단어일 뿐이지만, 별의 소리를 들었다면 그것은 은유적 경험으로 별을 읽은 것이다. 다시 말해, 꽃이 피어 있는 것을 보고 '빨간 꽃잎이 아름답고, 꽃향기가 매혹적이다'라고 말했다면, 그것은 단어들의 조합으로 '본 것'을 표현한 것일뿐인 반면, 그것을 '꽃들은 시샘하지 않으며, 계절을 품고 우주를 담는구나!'라고 표현했다면, 그것은 은유를 '읽기'로 감상한 것이다. 이 세상에 존재하는 모든 것은 '단어이면서 동시에 은유'이다. 존재를 형식적인 모습에만 집착해 바라본다면 그것은 단지 하나의 단어에 지나지 않지만, 형식 밖의 것으로 그것들을 읽는다면, 그것은 은유로 다시 태어나게 된다.

철학자를 존경하는 마케도니아의 어느 왕이 내 뱉은 한 문장을 니체가 어떻게 '읽었는'지 읽어보자. 어느 날 왕은 세상을 등진 아테네의 한 철학자에게 1달란트를 보냈다. 그러나 철학자는 이 돈을 받지 않고 돌려보냈다. 그러자 왕은 "그는 나 같은 친구가 필요없다는 것인가?"라고 말했다. 이 말을 니체는 이렇게 읽었다. "나는 이 독립적인 철학자의 높은 긍지를 사랑한다. 또한 내가 그의 긍지 중 하나이길 바란다. 하지만 나는 누구의 도움도 받지 않겠다는 그의 철학을 무너뜨리고 싶다. ㄱ가 자신의 철학보다 친구인 나의 명예를 더 존중하고 있다는 점을 세상에 자랑하고 싶다. '그 위대한 철학자의 친구가 누구이기에 그를 마음대로 도와줄 수 있는가? 그가 대체 누구인가?'라는 질문에 '바로 나다'라고 대답하고 싶다."라고. 그렇다면, 니체가 '읽은 것' 속에 숨은 것, 즉 우리가 '읽어야 할 것'은 무엇일까? 그것을 '읽을' 때 우리의 '읽음'이 완성될 수 있을 것이다.

　현대는 현상만 '볼 수 있도록' 은유를 죽이고 모든 존재를 시각적 이미지로 만들어 버렸다. 이미지는 어디에나 있고, 어디에나 있을 것이며, '어디' 그 자체가 되고 있다. 우리가 매일 '읽고' 있다고 생각하는 인터넷상의 단어들이 대표적인 시각적 이미지이다. 현대인들은 그것을 '읽는 것'이 아니라 그저 '보고 있는 것'이다. 이렇게 이미지화 된 단어들은 인간의 '읽기 본능'을 제거하고, 인간들을 '보는 것'으로 길들이는 악마이다. 결국 인간의 '읽기 능력'은 문명적 진보와 반비례적 관계에 놓인 퇴화된 기관인 반면, 점점 더 강해지고 있는 '보는 능력'은 문명 진보의 아이콘이 되고 있다. '보는 것'의 즐거움, 그것은 형식 속에서 은유가 사라지는 '읽기'의 죽음이다.

우리가 보는 것들은

진실의 껍데기일 뿐이다

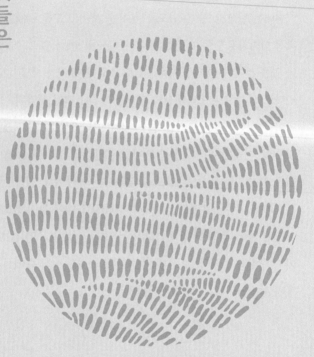

던지기

우리가 보는 것들은
진실의 껍데기일 뿐이다

오조 법연 선생이 제자들에게 말했다.

"길을 가다가 도인을 만나거든

말로도 침묵으로도 대하면 안 된다.

자, 말해보라. 그러면 어떻게 응대해야 하겠는가."

통찰

'제자들이여, 스승의 뜻을 알겠는가? 어서 답해보라.' 이 짧은 질문에 모두들 말문이 막혔다면, 아마도 그대들이 길 위에서 만난 '도인(道人)'일 것이다. 그렇다면 스승은 너희를 내쫓을 것이고 그대들은 그렇게 길 위에서 거짓을 전파하고 다니는 '도인'으로 남을 것이다. 아! 나 역시도 '도인'이 아닐까 두렵기만 하구나!

논리의 대답

스승의 어려운 질문에 답해보자. 스승의 질문에는 두 가지의 핵심 전제가 들어 있다. 하나는 '도인'을 만난다는 것이며, 다른 하나는 '말과 침묵'을 사용해서는 안 된다는 것이다. 먼저, 왜 다른 사람이 아닌 '도인'을 만난다고 가정했는지를 파악해야 한다. 따라서 '도인'이 어떤 사람인지를 아는 것이 중요하다.

여기서 '노자'의 『도덕경(道德經)』 제 1장을 잠깐 떠올려본다면, 해답은 의외로 쉽게 찾을 수 있다. "도가도, 비상도, 명가명, 비상명 (道可道, 非常道, 名可名, 非常名)" 이것은 "도라고 부를 수 있는 도는 절대불변의 도가 아니다."라는 의미다. 다시 말해, 인식될 수 있는 어떤 것, 즉 대상은 인식이라는 유한의 범주 안에 갇히게 되면, 그 순간부터 전체성은 부분에 불과한 인식의 범주에 의해 파괴됨을 이르는 것이다. 따라서 변함의 여지가 남아 있지 않는 전체성이 변화의 가능태를 가진 부분으로 전락하게 되는 순간이다. 즉 불릴 수 있다고 여겨지는 순간, '상(常)'의 의미가 사라지는 것이다.

'명(名)'도 마찬가지이다. 무엇인가 '이름' 속에 갇히게 된다면 그것을 이미 그것이 가지고 있는 전체적이며 무한으로서의 '상

(常)'을 잃어버리게 되는 것이다. 그 이름 중의 하나를 '도'라고 보아도 무방하리라. 따라서 노자의 주장대로라면, '도인'은 존재할 수 없는 '도'를 자신이 소유하고 있다고 착각하고 있는 사람에 불과하다. 즉, 도인은 규정할 수 없는 것들을 자신의 유한적 인식 범위 안으로 끌어들여 기형적인 것들로 키우고 잉태하는 사기꾼에 지나지 않는다.

이제 '말과 침묵'을 강조한 스승의 의도를 들여다 보자. 만약 '도인'이 말하는 '도'에 관해 '말'로써 수긍하거나 혹은 비판을 했다면, 그것은 결국 제자들도 '비도(非道)'를 말한 것으로서 '도인'과 같은 사기꾼이 되는 것이리라. 왜냐하면, 존재하지도 않는 '도'에 응대하는 것은 그것이 '도'가 아니라고 말하든, '도'라고 수긍하든 이미 '도'가 무엇이라는 기준을 토대로 말한 것이며, 자신들도 이미 '도'를 정의할 수 있다는 가정하에 이루어진 것으로서 그것은 '비도'로서 '비도'를 논하는 것과 다르지 않다. 결국 도인을 응대하는 것 자체가 논리적 오류나 모순에 빠지는 것이다.

그렇다면, 도인의 '도'에 관해 침묵해야 하는 것은 왜일까? '침묵'은 더 큰 '대화'라고 할 수 있다. 오히려 '도인'의 말을 인정하고 수긍해버리는 꼴이 되기 때문이다. 다른 측면에서 보면, 침묵은 '도인'을 무시하는 것이라고도 할 수 있다. 하지만 이것은

'비도'를 보고도 그냥 지나치는 것으로서 온 세상에 '비도'가 넘치게 만드는 비겁한 행위가 된다.

    그렇다면 왜 스승은 공존할 수 없는 '말과 침묵'을 공존시켰을까? 그것은 '도인'을 대하는 방법이 달라야 하기 때문이다. 통념적으로 우리가 사람을 대하는 방식은 대화이다. 하지만 앞에서도 말했듯이 '말과 침묵' 어느 쪽을 선택해도 결국 '도인'을 인정하는 꼴이 된다. 따라서 새로운 방법은 '입'이 아닌 곳에서 찾아야 한다. 그렇다면 남은 수단은 무엇인가? 그것은 입이 아닌 '몸'이다. '손이나 발'이 그것이다. 도인 혹은 비도를 인정사정없이 때리거나 발로 차 버려야 한다.

    이제, 폭력적 행동에 대한 '도인'의 반응이 궁금해진다. 아마도 도인은 갑작스런 폭행에 당황스러워하면서 자신이 맞아야 하는 이유를 따져 물을 것이다. 그때는 이렇게 답변하면 될 것이다. "나는 도인을 때린 것이지 당신을 때린 것이 아니오."라고. 그러면 도인은 어이없다는 표정으로 "내가 도인이요."라고 화를 낼 것이다. 그러면 그 도인을 이전보다 더 세게 때리고 발로 걷어차 버리면 된다. 그리고 이렇게 말하면 된다. "그렇다면 나는 사람을 때린 것이 아니라 도깨비를 쫓아내려고 한 것뿐이오."라고. 제자들이여, 이제 스승의 참뜻을 알았는가?

제자들이여, 손과 발은 밥을 먹고 걷기 위해서만 필요한 것이 아니다. 당신들을 앞에 허상들 혹은 우상이 있다면 손에 망치를 들어 부셔버리든지 발로 걷어차 쫓아버려라.

되묻기

어느 날 향엄 선생이 말했다.

"어떤 사람이 나무 위에 올라가서 입으로 나뭇가지를 문 채

손으로는 나뭇가지를 잡지 않고,

발로도 나뭇가지를 딛지 않고 있었다.

그때 나무 아래서 어떤 사람이 '달마 대사가 서쪽에서 온 뜻이

무엇인가'를 물었다. 만약 이 질문에 대답을 하지 않으면

묻는 사람에 대한 예의가 아니며,

대답을 하게 되면 몸을 상하고 목숨을 잃게 된다.

이런 때에는 어떻게 하면 좋겠는가."

답해보라

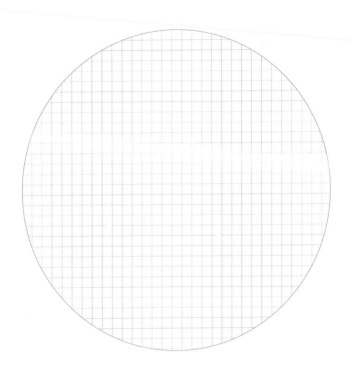

행렬

자신을 기쁨에 묶어 두는 사람은
날개 달린 삶을 파괴하는 것이다.
하지만 기쁨에 입 맞추고 날아가도록 두는 사람은
영원한 아침을 사는 것이다.

윌리엄 브레이크

말과 침묵

막스 피카르트는 "인간은 자신이 나왔던 침묵의 세계와 자신이 들어갈 또 하나의 침묵의 세계 사이에서 살고 있다."라고 말했다. 그는 '침묵과 침묵' 그리고 '침묵과 말'이 공존하고 있다고 말하고 싶었던 것이리라. 침묵은 말의 어머니다. 침묵은 말을 생산하고 말은 침묵의 피를 가지고 있다. 나의 침묵에서 나온 말은 타자의 침묵을 깨뜨리고 그 속으로 들어가 침묵이 된다. 나의 침묵에도 태생적 자아의 침묵과 타자에 의해 후천적으로 만들어진 침묵이 공존한다. 그 침묵 간의 대화는 새로운 침묵을 만들며 그것은 새로운 말을 잉태한다. 역설적이게도 말이 많아지는 것은 침묵을 더 깊고 크게 만드는 결과를 초래한다. 그래서 현대의 인간은 말이 존재하지 않았던 원시 사회보다 더 큰 침묵의 숲에서 살고 있는 것이다.

침묵은 현대의 인간들 앞에 고독의 형상으로 존재한다. 그 고독은 타자와의 사이, 공간 대부분을 차지한다. 말의 여백으로서의 침묵이 아닌 말로서의 침묵만이 고독이 된다. 말의 여백은 단지 말을 하지 않는 것일 뿐 말이 만들어낸 침묵이 되지는 못한다. 말이 많다는 것은 온갖 것의 화려한 형용사와 동어 반복을 통해 자신을 드러내려는 것이지만 결국 그것은 타자를 더 멀어지게 할 뿐이다. 왜냐하면 오히려 많아진 말은 타자를 더 깊은 침묵 속으로 빠뜨리기 때문이다. 결국 말은 타자와 자신을 고독으로 이끌 뿐이다. 고독은 타자와의 연결 선 위를 달린다. 그래서 외롭지 않다. 말이 없는 곳에는 고독도 존재하지 않으며 오직 침묵이 존재하는 것에서만 고독이 존재하기 때문이다.

말이 많은 현대사회에서 말을 잘 하는 방법은 침묵하는 것이다. 말이 많아지고, 말이 거칠어지고, 말이 분노에 싸여 있다면 그것은 말의 모습을 잃는 것이며 타자에게 도달하기 전에 이미 죽어 버리게 된다. 에르네스트 엘로는 "타키투스의 문체 속에는 침묵이 지배적이다. 비천한 노여움은 폭발하는 듯하고 저열한 노여움은 말이 많지만, 미래의 정의를 기다리면서 말을 사건들에게 맡겨두기 위해서 침묵해야 할 필요가 있는 분노도 있다."라고 말한 것처럼 말과 그 의미를 살리는 방법은 말을 죽이는 것이다. 침묵은 말하고 있는 것이다. 침묵은 눈빛으로, 행동으로, 이끌어진 분위기로 무엇보다 분명하게 말을 하고 있다. 인간들은 더 많은 '단어'들을 만들어내면서 자신들의 세밀한 감정까지도 전달할 수 있을 것이라고 착각하고 있다. 하지만 단어가 만들어지면 만들어질수록 의미는 침묵의 어머니로부터 더 멀어지고 가늘어져 결국 쪼개지고 작아진 채 사라질 뿐이라는 것을 우리는 알지 못한다.

공자는 '인(仁)이 무엇인가'라고 물은 사마우에게 "인이란 말을 더듬는 것이다.(기언야인其言也訒)"라고 말하지 않았던가. 여기서 '인(仁)'은 타인과의 관계적 측면에서의 도덕적 행위를 가리키며, '말을 더듬는 것'은 '인'의 실천을 위한 방법론적인 가르침이다. 그런데 여기서 궁금한 것은 '말을 더듬는다'라는 표현이다. 말을 더듬는 것은 현자나 범인들의 모습과 어긋나 보인다. 그런데 공자가 그것을 강조했다는 사실은 우리의 통념을 넘어선 무엇인가를 말해주고자 했던 것임에 틀림없다. 그것은 '말의 무서움'이다. 말의 무서움이란 타인을 향했던 말의 역방향적 '자기 구속성'과 그것의 실천 여부로 '사람됨'을 평가하는 '신뢰'의 그물에 갇히는 것이다. 그렇다면, 인을 실천하는 가장 훌륭한 방법은 '침묵'이라고 해도 될 것이다. 즉, 타인을 사랑하는 길은 화려한 말들로 그들을 추켜세우거나, 나의 한계를 넘어선 말들로 선의를 베푸는 것이 아니라 타인의 침묵을 경청하는 것이며, 고개를 끄덕이며 침묵으로 응대하는 것일 뿐이다. 그럴 때만이 '사랑을 할 줄 아는 사람'이 될 수 있는 것이다.

침묵은 우리에게 영원히 불가능한 것으로 남을지도 모른다.

그래서 우리는 침묵을 욕망하는 것이다. 침묵은 말을 하지 않는 것에서 만들어지는 것이 아니라 듣는 것으로부터 시작된다. 이때 우리를 침묵의 언저리로 이끄는 것은 자연의 소리이다. 이것은 잡음이나 고막을 찢는 날카로운 쇳소리가 아니라 살아있는 구름 소리, 빗소리, 벌들의 날개 짓 소리이다. 이런 소리들은 귀로 들을 수 있는 것들이 아니다. 말이 아니기 때문이다. 만약, 타인의 소리가 이들과 같다면 우리는 그 소리를 듣기 위해 귀를 열 필요는 없으리라. 단지, 침묵을 욕망하는 눈빛, 그것만이 빛나면 될 것이다.

사소한 것이 네 삶의 주인이다

던지기
___

사소한 것이 네 삶의 주인이다.

오조 법연 선생이 제자들에게 이렇게 말했다.
"비유컨대 물소가 창문을 넘어간다고 하자.
머리와 뿔, 네 발굽은 다 넘어갔는데
어째서 꼬리만 통과하지 못하는가?"

통찰

물소가 지나간다. 꼬리에 달라붙은 파리를 떼어내려고 연신 꼬리를 흔들며 지나간다. 물소의 뿔은 단단하고 눈망울은 평온하며 네 다리는 힘차다. 아! 저 물소는 아무런 걱정도 없이 바람을 가르니 거칠 것이 없구나. 그런데 꼬리를 물고 늘어진 저 파리는 어떻게 할꼬? 앞에서 본 물소와 뒤에서 본 물소가 다르구나. 뒤에서 본 물소는 괴롭기 짝이 없는데…

논리의 대답

스승의 짧지만 심오한 질문에 어떻게 답변을 해야 할까? 답변의 핵심은 논리적 범주를 잘 잡는 것이다. 스승의 질문 속에 숨어 있는 논리적 범주는 과연 무엇일까? 그것을 파악하기 위해 우리가 주목해야 하는 단어는 '창문' 그리고 '머리와 뿔, 네 발굽' 나머지는 '꼬리'이다. 이 세 단어를 관통하고 있는 공통의 범주가 보이는가?- 보이지 않는다면 스승의 질문에 답을 할 수 없을 것이며 창문을 통과하지 못한 '꼬리'를 단 채 살아가게 될 것이다. 일단, '창문'과 '머리와 뿔, 네 발굽'의 관계를 살펴보자. 그리고 '넘어간다'라는 단어를 그 둘과 연관시켜 보자. 그러면 이 둘을 관통하는 논리적 범주가 보일 것이다. 바로 '크기'라는 범주이다. 다시 말해 물소가 통과할 수 있는 창문이라면 그것은 물소보다 커야 하는 것이다.

이제, 스승이 요구하는 답이 보일 것이다. 물소의 앞부분인 머리와 뿔 그리고 중간 몸통 부분이라 할 수 있는 네 발굽까지 통과했다면 당연히 이들보다 크기가 '작은' 꼬리는 무사히 통과할 수 있어야 하는 것이 마땅한 이치이다. 그런데 '꼬리'가 통과할 수 없다니? 이것은 분명 모순이다. 결국 스승은 이 모순 같은 상황 속에 '진리'가 숨어있으며 그것은 결코 '모순'이 아닌 거대한 진리라고 말하고 싶은 것이다. 제자들이여, 이제 스승의 질문에 명쾌하게 답해보자. '크기'의 범주라는 무기가 있지 않은가? '창문'과 '꼬리'의 크기를 비교해보자. 지금의 상황을 꼬마들이 보았다 할지라도, 창문이 꼬리보다 크다는 것을 모르지는 않을 것이다. 하지만 문제는 창문보다 작은 '꼬리'가 창문을 통과하지 못한다는 점이다. 그렇다면 여기서 우리는 '꼬리'가 '창문'보다 큰 것은 아닐까라고 의심을 해야 한다. 그렇다. 우리 눈에 보이는 꼬리가 아무리 작아 보일지라도 삶에서 혹은 진리에서 만나는 꼬리같이 작은 사건이나 감정은 '나' 혹은 '진리' 전체를 파괴할 수 있을 정도로 거대한 것으로 변할 수 있음을 깨달아야 한다.

다른 범주는 앞과 뒤로서의 '순서'이다. 머리와 몸통, 네 다리는 꼬리보다 앞에 있다. 그리고 그것들은 사람들이 가장 먼저 접하거나 인식할 수 있는 표면적이면서도 대표성을 가진 것들이다. 하지만 뒤에 있는 꼬리는 사람들에게 보이지 않거나 인식되지 않는다. 따라서 사람들은 앞부분에만 온갖 신경을 쏟을 뿐이며 꼬리에는 관심조차 두지 않는다. 이처럼, 삶은 앞에서 본 물소의 모습과 다르지 않으며, 그것이 전부일지도 모른다. 하지만 꼬리 없는 물소가 어디 있겠는가? 꼬리가 아무리 작아도, 그것이 단지 파리를 쫓아내는 역할만을 할지라도 꼬리가 존재할 때만 비로소 물소가 될 수 있다. 아마도 스승은 전면에 내세울 수 있는 것만을 전부라고 생각하고, 감춰진 등 뒤의 모습에 신경 쓰지 않는 세상을 경계하고자 이 질문을 던진 것이리라. 아무리 화려한 '외모, 지위, 부'를 내세운다고 할지라도, 그것들은 등 뒤에 숨겨진 작은 것들에 의해 한 순간에 거품이 될 수 있는 허상에 지나지 않는다. 눈에 보이는 것, 그것이 아무리 큰 산이라고 할지라도 그 산을 이루고 있는 보이지 않는 산의 뿌리는 보이는 산보다 훨씬 거대하리라.

이제 결론을 내려 보자. 머리와 몸통보다 작은 꼬리가 오히려 그것들보다 더 큰 것이 되어버렸다. 그렇다면 우리는 큰 것과 작은 것, 앞과 뒤의 고정된 범주를 바꿔야 한다. 다시 말해 가장 작게 보이는 것이 가장 큰 것이 될 수 있으며, 큰 것으로 보이는 것이 오히려 가장 작은 것이 될 수 있는 것이다. 동시에 앞에 존재하는 것들보다 뒤에 존재하는 것들이 오히려 더 중요한 것이 될 수 있으며, 오히려 앞에 존재하는 것들은 껍데기에 지나지 않으며 앞에 가려 보이지 않는 것들, 즉 뒤에 존재하는 것들이 삶과 진리를 결정하는 알맹이임을 볼 수 있어야 한다. 스승의 질문에서 '창문'을 '진리'를 향해 가는 관문으로 본다면, 가장 중요한 것들은 쉽게 통과할 수 있는 것인 반면, 가장 하찮아 보이는 것이 통과의 완성을 가로막고 있는 격이다. '진리'로 가는 길에서 우리를 막는 것은 거대한 장애물들이 아니라 보이지 않을 정도로 아주 작은, 그래서 대충 흘려보낼 수 있는 사소한 것들이리라. 그렇다면 물소가 무사히 창문을 통과하기 위해서는 아주 작아 보이는 하찮은 것들을 아주 큰 존재로 인식할 수 있어야 한다. 역설적이게도 꼬리가 머리와 몸통보다 더 큰 것이라고 인식할 때만이 물소는 창문을 넘어 들판을 유유히 걸어갈 수 있게 된다.

제자들이여, 삶과 진리로 가는 길은 전쟁터다. 어찌, 그대들에게 날아오는 화살과 창들이 무섭지 않겠는가? 하지만 그것들만 막아내서는 살아남을 수 없으리라. 며칠 전부터 너희들의 신경을 건드리고 있는 발바닥의 작은 가시부터 뽑아야 한다. 그렇지 않다면 화살과 창보다 발바닥의 가시나 너의 심장을 먼저 꿰뚫어 버릴테니 말이다.

되묻기

하라단잔이 에키도와 함께 여행을 하다가 큰 장마를 만났다.
시골길의 깊게 파인 곳으로 갑자기 흙탕물이 넘쳐흘렀다.
마침 아름다운 처녀가 그 흙탕물을 건너지 못해 안절부절
못하고 있었다. 하라단잔은 뛰어가 말했다.

"이리 오시오. 내가 도와드리리다."

이 말과 함께 처녀를 업어 흙탕물을 건네주었다. 에키도는 아무
말 없이 바라보고만 있었다. 저녁이 되어 둘은 가까운 절을
찾아가 여장을 풀고 저녁을 먹었다. 에키도가 입을 열었다.

"수도자가 여자를 가까이해서는 안 되지. 그것도 젊고
아름다운 여자는 더더욱 안 되는 걸 자네도 알고 있지 않은가?
여자를 가까이 하는 일은 수도자에겐 매우 위험한 일이야.

그런데 자네는 낮에 그런 일을 왜 했는가?"

이때 하라단잔은 금시초문인 듯 말했다.

"낮에 내가 무슨 일을 했는데?"

괘씸하다는 듯이 에키도가 다시 말했다.

"낮에 아름다운 처녀를 업고 흙탕물을 건네주지 않았는가?"

하라단잔은 그제야 생각이 났다는 듯이 말했다.

"아, 그 일 말인가? 나는 그 여자를 흙탕물을 건네준 후 그곳에
내려두고 왔는데, 자네는 이곳 잠자리까지 데리고 왔구먼!"

답해보라

뒷간의 맨드라미

닭이 이미 꽃이 되어 아름다운데
어찌하여 뒷간 속에 피어 있는가

아직도 전생의 습관이 남아
구더기를 쪼을 뜻이 있는 것인지

이규보

무거움과 가벼움

밀란 쿤데라는 『참을 수 없는 존재의 가벼움』에서 인간의 삶을 이렇게 말한다. '우리가 이미 겪었던 일이 어느 날 그대로 반복될 것이고, 이 반복 또한 무한히 반복된다고 생각한다면! 이 우스꽝스러운 신화가 뜻하는 것이 무엇일까? 뒤집어 생각해보면 영원한 회귀가 주장하는 바는, 인생이란 한 번 사라지면 두 번 다시 돌아오지 않기 때문에 한낱 그림자 같은 것이고 그래서 산다는 것은 아무런 무게가 없고 우리는 처음부터 죽은 것과 다름없어서…'

그는 인간의 삶은 허무한 것으로서 어떤 것으로도 채워질 수 없는 혹은 채워져 있지 않은 무의 존재이며, 어떤 존재보다 '가볍다'라고 말하고 있다. 삶은 끊임없이 흐르기 때문에 정지할 때 얻게되는 '무게'를 가질 수 없다고 말하고 싶은 것일지도 모르겠다. 삶이 '무게'를 가지게 된다면, '반복'과 '흐름'은 멈출 것이며 삶은 종착점에 도달하게 될 것이나. 아마도 그 때가 인간이 '무게'를 가질 수 있는 유일한 순간일지도 모른다.

인간의 삶은 '슬프다'. 소포클레스의 4대 비극에서, 인간들은 피할 수 없는 '근원적 절대 비극'으로 파멸해 갔다. 인간의 '비극', 그것은 '무거움'의 자식이다. 인간은 그 '무거움'으로부터 결코 벗어날 수 없다. 인간 '존재', 그 자체는 '삶 속' 이미 '깊이 가라앉아 있기' 때문이다. 만약, 밀란 쿤데라가 말한 것처럼, 인간의 삶이 참을 수 없을 정도로 '가볍다'면 인간은 '삶 속'으로 들어가지 못한 채 가벼운 먼지처럼 떠다녀야 할 것이다.

하지만 인간의 삶이 어디 그런가? 어느 누구도 떠다니지 못한 채 깊게 가라앉고만 있지 않은가? 그 '무거움'은 인간의 비극을 더 두껍고 깊게 만들어 갈 뿐이다. 그래서 숨을 쉴 수가 없고, 가슴이 늘 답답하다. 그 '무거움'이 인간의 가슴을 짓누르고 중력보다 강한 힘으로 '깊이의 끝'으로 인간을 끌어내리고 있기 때문이다.

들뢰즈 역시 밀란 쿤데라처럼 '표면'을 역설했다. 하지만 들뢰즈의 '가벼움'에 관한 고뇌는 무겁기 그지없다. 아마도 들뢰즈의 '표면'은 '무거움'의 다른 형태 혹은 '형식'의 다른 이름일 뿐, 결코 '가벼움'이 아니었던 것이다. 간혹, '가벼움'으로 쉽게 살아가는 듯 보이는 사람들도 있다. 하지만 그들의 삶도 무겁기는 마찬가지이다. '표면'의 가벼움으로 깊이의 무거움을 위장했거나 근원적 비극의 무거움을 외면하고 있는 것에 지나지 않기 때문이다. '웃음'이나 혹은 '행복'이라는 얕은 감정이 '무거움'으로부터 자신의 삶을 순간순간 도피시켜 주는 것이다. 가끔의 '웃음'이나 '행복'이 주는 감정은 '가벼움'으로 가는 아주 작은 길이다. 이렇게 인간의 삶에서 무거움과 가벼움은 공존한다. 삶의 존재 근거는 어쩔 수 없는 '무거움'이지만 '가벼움'에 관한 열망조차 사라진다면, 인간은 영원히 그 무게감이 주는 슬픔에서 벗어날 수 없을 것이다.

우리는 '가벼움'으로 살아야 한다. 우리의 삶은 유영할 수 있을 만큼 가벼워져야 한다. '무거움'으로부터 '가벼움'으로 향하는 길은 무게의 중심을 분산시키는 것이다. '나'에게 모여 있는 중력의 강한 힘을 타자에게로 나누어주면 된다. 자기중심적이었던 '의미와 가치'를 타자에게로 나누어주면 된다. 이럴 때 우리가 편안히 호흡할 수 있게 된다. 그렇다고 '나'의 '무게'가 완전히 사라지는 것은 아니다. 단지, 무거움의 무게가 줄어드는 것일뿐. 하지만 인간은 이렇게 줄어든 무게만큼 무거움의 깊이로부터 벗어나 '표면'으로 떠오를 수 있게 된다. 그리고 무거움의 '표면'을 편안히 유영할 수 있게 된다. 여기서 '표면의 유영'은 '비존재'로서의 삶이 결코 아니다. 인간은 자신을 완벽한 '무'의 존재로 만들 수는 없기 때문이다. 따라서 '표면적 유영'은 물 위를 가볍게 떠가는 '낙엽'이 아니라, 자신의 몸을 물 속에 반쯤 담근 상태에서 표면 위로 간혹 숨을 내뿜는 '고래'와 같은 삶이나. 어기서 중요한 것은, 거대한 고래가 표면 위로 떠오를 수 있는 것은 그의 몸 속에 '부레'를 품고 있기 때문이라는 사실이다.

부레는 물고기의 기관 중에서 가장 쓸모없어 보이는 것 중의 하나이다. 실제로 어떤 기능도 하지 않으며, 어떤 복잡한 조직도 담고 있지 않다. 그냥 텅 비어 있는 주머니일 뿐이다. 하지만 '바다'라는 그들만의 거친 삶, 그 '무거움'을 견디게 만드는 절대적인 것, 그것이 바로 부레다. 그런데 인간의 '부레'는 어디 그런가? 과연, 인간에게 '부레'가 존재하기는 한 것인지 의심스럽다. 하지만, 인간이 존재하고 있다는 것은, 그 크기가 얼마든 '부레'를 가지고 있음이리라. 하지만, 인간과 물고기의 차이는 물고기들의 부레가 자신의 무게에 비례하여 정해지는 것과 달리 인간은 '부레'의 크기를 자신이 결정할 수 있다는 점이다. 인간의 지위와 부가 커질수록 삶의 '무게감'은 더 커진다. 하지만 인간들은 자신을 가볍게 만들 수 있는 '부레'의 크기는 키우지 않는다. 결국, 인간은 자신이 만든 무게를 견디지 못하고 더 깊은 비극의 바닥으로 가라앉게 된다. 점점 더 늘어나는 무게를 감당할 수 없는 상황에 다다르면, 삶은 '깊이'의 바닥과 부딪쳐 깨지고 부서지고 만다. 그것이 삶의 미완성, 부자연스러운 삶의 단절, '자살'이다.

'무거움'으로부터의 자유, '가벼움'으로 가는 길, '부레'를 키우는 것은 '망각'이다. 인간의 '무거움'은 '지위와 부'에 대한 집착으로부터 온다. 그런 집착을 '망각'하는 것은 과거와 미래라는 '시간의 고통과 불안'에서 해방되는 것이다. 이런 '망각'은 무의식적인 것이 아닌 의식적인 것이어야 한다. 따라서 망각은 의지를 필요로 한다. 삶의 가벼움을 위한 '망각'의 의지는 '현재의 시간'에 충실하기 위한, 그리고 '존재하는 시간'을 즐기기 위한 실존적 행위이다. 인간은 살아 있는 동안 완전한 '가벼움'에 도달할 수는 없다. 단지 가까이 갈 수 있을 뿐. 우리가 삶의 무거움 너머의 것을 갈망하고 있다면, 그것은 아마도 '완전한 가벼움'일 것이다.

나의 오만은 타인을

벼랑 끝으로 인도할 뿐이다

나의 오만은 타인을
벼랑 끝으로 인도할 뿐이다

남전 선생이 임종 직전에 제자들에게 말했다.

"내가 죽은 뒤에 절대로 나를 더럽혀서는 안 된다."

"절대로 그런 일은 없을 것입니다."

"어떤 사람이 '너의 스승은 어디로 갔는가?'라고 묻는다면

어떻게 대답하겠는가?"

"근본으로 돌아가셨다고 하겠습니다."

남전 선생이 혀를 차며 말했다.

"벌써 나를 더럽히는구나."

통찰

　더럽혔구나! 더럽혔어 오래 전부터. 더럽히지 않으려고 이리 저리 피해보지만 어리석은 제자의 발은 오히려 스승의 몸을 사 정없이 짓밟고 있구나! 하지만 자신의 발끝이 어디에 있는지조 차 알지 못하니 그것이 더 슬프구나! 그동안 스승께 도대체 무 엇을 배웠단 말인가? 스승은 오랫동안 달을 가리켰는데 제자 들은 손가락만 쳐다보느라 달을 보지 못했구나. 스승이 저승으 로 가는 마지막 길 위에서 불쌍한 제자들을 위해 '달'을 선물하 고 있구나.

논리의 대답

　스승은 제자에게 무엇을 주고 있는가? 정말 주고 있기는 한 것일까? 제자가 스승의 마지막 말에서 깨우침을 얻는다면, 스승은 준 것이며 그렇지 않다면 줄 수 없으리라. 스승이 죽고 나면 그를 평가할 수 있는 잣대는 오직 제자뿐이다. 그래서 스승에게 '청출어람'할 수 있는 제자를 얻는 것만큼 기쁜 일은 없을 것이다. 그 제자를 통해 스승은 영원히 살아 있을 수 있기 때문이다. 하지만 남전의 첫 번째 부탁의 말 속에는 근심과 걱정이 가득하다. "나를 더럽혀서는 안된다."라는 선생의 말은 남전 자신의 삶에 대한 평가를 생각한 것이기도 하지만 그것은 동시에 제자들의 수행과 지혜가 최소한 자신과 같거나 낮기를 바라는 마음이 담겨 있다. 하지만 제자가 입을 여는 순간 이미 스승의 기대를 짓밟고 말았다. 제자는 '절대로'라는 단어를 통해 자신의 의지를 드러냈지만, 동시에 '절대로'라는 단어는 '완벽함'과 더불어 '불가능성'의 가능태를 내포하고 있기 때문이다. 그래서 스승은 제자의 확신, '절대로'라는 단어가 오히려 불안하다.

　스승의 두 번째 질문은 제자의 답변, '절대로'에 대한 검증의 과정이다. "너의 스승은 어디로 갔는가?"라는 질문은 매우 어렵다. 왜냐하면, 이 말에서 '어디'라는 단어의 함축적 의미는

'공간성'을 가지고 있는 것이 아니기 때문이다. 일반적으로 보면, 이 질문에 대한 답은 이승과 다른 공간인 '저승'이다. 하지만 이렇게 공간으로서의 '어디'를 답변하는 제자는 없을 것이다. 답변이 더 힘든 것은 '갔는가?'라는 동사 때문이다. '가다'는 어디에서 어디로의 이동을 말하는 것이며 '방향성'을 가지고 있다. 이 상황에서 제자는 '어디'라는 단어에서는 '공간성'을 버렸고 '가다'의 단어에서는 '방향성'을 선택했다. 즉, "근본으로 돌아가셨다고 하겠습니다."라는 답변은 '구체적 공간' 대신 '근본'이라는 추상적인 관념의 상태를 배치시켰고 '돌아가셨다'라는 단어로 '역행'의 방향을 선택한 것이다. 아마도 제자는 이런 선택이 스승의 질문에 정확한 답이 되었을 것이라 생각하며 내심 기뻐했을 것이다. 하지만 그것은 제자의 엄청난 착각에 지나지 않았다. '절대로'가 가진 '불가능성'의 가능태가 현실로 전환되는 비극이 초래되었기 때문이다.

그렇다면, 슬픔에 찬 스승의 마지막 말, "벌써 나를 더럽히는구나."에서 제자들은 무엇을 깨우쳐야 하는가? 제자의 대답으로 다시 한 번 돌아가 보자. 그는 도대체 무슨 잘못을 한 것인가? 그의 말, "근본으로 돌아가다"라는 말은 두 가지로 해석할 수 있다. 하나는 이승 곧 여기가 '비근본적' 세계라는 전제가 숨어 있는 것이며, 다른 하나는 스승이 '근본적인 삶을 살지 못하다가 죽음을 통해 근본적인 삶으로 드디어 들어가셨다.'라는 의미이다. 어떤 의미로 해석을 하든 제자는 스승을 더럽히는 일에서 결코 벗어날 수 없다. 첫 번째 의미에서 문제는 세계나 진리를 '근본적인 세계'와 '비근본적인 세계'로 이원화했다는 점이다. 삶과 죽음이 분리될 수 없고 무엇이 더 나은 것이라고 선택할 수 없는 것임에도 불구하고 제자는 차별의 관점에서 '선택'이라는 실수를 한 것이다. 두 번째 의미에서의 문제점은 '스승의 수행과 삶'이 '근원적'인 것과 거리가 멀었다는 전제를 내포하고 있다는 점이다. 스승의 얼굴에 제대로 먹칠을 한 것이다.

그럼, 스승이 원하는 답변은 과연 무엇이었을까? 그것을 정확히 알 수는 없다. 하지만 위의 논의들을 토대로 감히 추론해 본다면, 남전 선생이 원하는 답은 이것이 아니었을까 생각한다. "저의 스승은 여기 계시지도 않고 어디로 가시지도 않았습니다."

되묻기

약산 선생이 강단에 올라오니 어떤 제자가 물었다.

"선생님은 누구의 법을 이으셨습니까?"

선생의 대답은 엉뚱했다.

"오래된 방 안에서 글귀 한 줄을 주웠지!"

제자가 다시 물었다.

"뭐라고 쓰여 있는 글귀인가요?"

약산 선생이 말했다.

"그는 나를 닮지 않고, 나는 그를 닮지 않았네"

답해보라

떠오르는 것

작별들

....

그리고, 도착하자 또 즉시

새로 생긴 다감함으로 작별을 고했다.

마치 빵이 날개를 펴 갑자기

식탁의 세계에서 달아나듯이.

그리하여 나는 모든 언어들을 뒤에 남겼고,

오래된 문처럼 작별을 되풀이했으며,

영화관과 이유들과 무덤을 바꾸었고,

어떤 다른 곳으로 가려고 모든 곳을 떠났다;

나는 존재하기를 계속했고, 그리고 항상

기쁨으로 반쯤 황폐해 있었다.

슬픔들 속의 신랑,

어떻게 언제인지도 모르는 채

돌아갈 준비가 되어 있고, 돌아가지 않은.

...

파블로 네루디

우연과 필연

데모크리토스는 말한다. "우주 속에 존재하는 모든 사물은 우연과 필연의 열매다."라고. 그렇다면 무엇이 '우연'이고 무엇이 '필연'일까? 주위를 잠깐 돌아보아도, 우연과 필연은 '나'를 둘러싸고 있는 대다수의 것들이라는 것을 알 수 있다. 하지만 그 많은 것들 중에서 어떤 것이 우연이고 어떤 것이 필연인지 구별하는 것은 결코 쉬운 일이 아니다. 아마도 우리의 삶은 팔할이 '필연'의 노예가 아닐까. 그리고 과학이나 철학에서도 인간의 삶을 '필연'의 범주 속에 가두고자 한다. 인과관계가 분명할 때 과학의 법칙이 성립할 수 있으며, 인과관계의 타당성이 전제로서 존재할 때 논리적 주장과 혹은 철학적 견해가 생명을 얻을 수 있기 때문이다.

밀란 쿤데라의 한 소설에서도 주인공들의 만남은 우연인 듯 보이지만 결국 필연적 운명의 관계로 그려진다. 여자 주인공 테라자에게 있어 토마시는 필연적 운명이었다. 그녀가 일하는 식당에 그가 들어왔고, 자신이 담당하는 테이블에 그가 앉았고,

그녀가 숭배하는 책을 들고 있었고, 그는 그녀에게 말을 걸어왔다. 테레자는 토마시에게 '반할 수밖에 없었다.(필연)' 이렇듯 우연인 듯 보이지만 인간의 삶은 '필연' 그 자체로 설명될 수밖에 없다.

장 보드리야르는 그의 책『유혹에 대하여』에서 "노름꾼은 자신이 우연을 가지고 꾸려나가는 놀이 덕에 세상에 대해 신과 같은 존재가 된다"라고 말하면서, 동기 없는 행위보다 덜 근거 없는 것은 없으며, '우연'보다 덜 무모한 것은 없다는 점을 강조했다. 스피노자도 마찬가지로 '우연'을 비판했다. 이성을 버린 채 '우연'에 기대어 사는 인간의 무능함을 용서하지 못했다. 이렇게 인간의 삶은 '필연'이어야 하며, 그렇지 않다면 그것은 단순히 '운'이 작용한 것이며, 그것은 '우연'이라는 것으로 비하된다. 장 보드리야르의 생각처럼, '운'에 기댄 사람은 노름꾼이나 다름없으며 그것은 결코 정상적인 삶의 범주로 들어올 수 없다. 그래서 인간 주변의 것들은 대부분 '필연'이어야 하며, 이것은 이성으로 충분히 이해될 수 있고 이해되어야만 하는 것이다. '우연'이라는 것이 다가와도 인간들은 그것을 '필연'으로 가장해야 하거나 어떻게든 그것이 '필연'일 수밖에 없는 조건들을 만들어내야만 한다. 그것이 '나'에 관한 타자의 존재 인정의 근거가 될 수 있기 때문이다.

과연, 이처럼 인간의 삶은 '필연'의 지배 속에 놓여 있는 것일까? 인간을 위해 신에게서 불을 훔치고, 독수리가 간을 쪼는 형벌을 운명으로 받아들인 프로메테우스를 보자. 이것이 '필연'이었다면, 무엇이 프로메테우스에게 불을 훔치게 만들었을까? 그것은 프로메테우스의 '마음'일 뿐, 외적으로 표출된 직접적 원인은 존재하지 않는다. 이 시점에서 '필연'과 '우연'의 차이가 시작된다. 보통 '필연'의 경우는 '나'의 '바깥' 혹은 경험적으로 가능한 구체적 혹은 거시적 세계에서의 그 무엇이 원인이 되어 최종의 원인으로서의 목적이 실행되는 것으로 정의해볼 수 있다. 이럴 경우 반의어로서의 '우연'은 '나'의 '안' 혹은 경험적으로 불가능한, 추상적이며 미시적인 세계에서 발생하는 불규칙적인 어떤 것의 작용이어야 하며, 그것 자체가 목적이며 최종 원인이어야 한다. 즉, 우연은 원인 그 자체가 곧 최종 목적이거나 결과인 것이다. 이 정의에 따른다면, 프로메테우스가 불을 훔친 것은 '우연'이다. '나'의 '안'에서 불쑥 튀어나온 감정이 곧 불을 훔친 행위의 원인이며 그 감정의 실현이 최종 목적이 되기 때문이다. 그렇다면 인간의 삶도 '우연'으로 해석되어야 하지 않을까? 그럼에도 불구하고 인간들이 삶을 '필연'에 의지시키고자 한다면, 그것은 '우연'을 원인으로 삼은 '필연'일 것이며, 그것은 '필연'의 자기 모순성을 보여주는 것에 불과하다.

따라서, 자유 의지를 가진 인간들의 삶은 '필연'으로 가장한

나의 오만은 타인을 | 173
벼랑 끝으로 인도할 뿐이다

'우연'에 불과하리라. 어떤 것도 '필연'적인 것은 없다. 다시 말해, 외적인 원인보다 강한 '내적 자유의지와 감정'이 지배하는 내적 원인이 행위적 결과를 변화무쌍하게 만드는 것이다. 절대적이며 확정적인 원인과 그에 따른 결과로서의 '필연'은 더 이상 존재할 수 없게 된다. 그렇다면, 인간들은 왜, 인간의 삶이 '필연'이라고 믿고 있는 걸까? 그것은 '필연'이라는 것이 누구나 확인할 수 있는, 가장 보편적이고 예상 가능한 것들의 집합적 결과물, 즉 '나'와 '타자'의 일상적 삶의 형태가 거의 동일한 궤도를 달리고 있기 때문이다. 누구나 아침이면 눈을 뜬다는 사실에 기인해 우리는 내일도 필연적으로 눈을 떠서 삶을 이어갈 것이라고 추론한다. 그것은 자신의 내적인 것들과 상관없이 외적인 무언가에 의해 움직이는 '필연'의 결과라고 착각하고 있는 것이다. 하지만 눈을 크게 뜨고 다시 보라, 오늘의 삶이 내일의 삶의 유지와 어떤 관계가 있는지? 분명 그 둘의 관계는 인과성을 갖지 못한다. 조금만 더 들어가 보면 '나'의 내면에서 무의식적으로 숨 쉬고 있는 '삶의 의지'만이 나의 삶을 유지시킨다. 개별적 존재, 개별적 인간들의 의지가 보편적인 것처럼 보일 뿐, 세계의 실체는 개별적 '우연'들의 집합체에 불과하다.

다윈 역시 '진화'는 '우연'의 산물이라고 보았다. 우발적이며, 돌연변이적인 것들이 진화를 이끌어가고 있으며 그런 것들이 모여서 새로운 개체와 질서를 만들어가지만 그것은 보편적이며 '필연'적인 것이 결코 아니다. 그것은 단지 '필연'적으로 보이는 것일 뿐이며, 수많은 돌연변이적인 개별적 존재들의 집합체에 지나지 않는다. '우연'적이며, '돌연변이'적인 것들의 주인은 자유의지이다. 인간들이 '필연'에 의지해 살아가는 것은 '일탈'을 향한 '자유의지'에 대한 자기의 억압이며, '진보'에 대한 맹목적 거부이다. '우연'을 보고, 우연을 사랑하라. 그것이 진정한 '나'의 삶이며, 하루가 끝인 삶 속에서 우연으로 이어지는 내일에 대한 경외심이 세상의 진실을 보게 하리라.

생각에 뿌리가 생기면,
우리는 한 발짝도 내디딜 수 없다

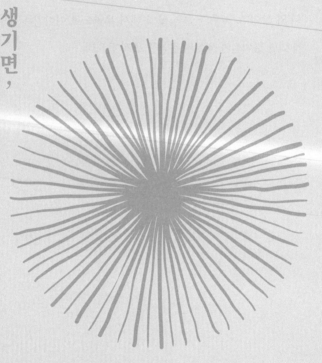

던지기

생각에 뿌리가 생기면,
우리는 한 발짝도 내디딜 수 없다.

어느 날 약산 선생이 제자에게 물었다.

"무엇을 하고 오는가?"

"밭에 무를 심고 옵니다."

"그래, 재배하는 것은 괜찮다만 뿌리가 생기지 않게 하라."

"뿌리가 돋지 않으면 대중들은 무엇을 먹으란 말입니다?"

"아, 입이 있었었던가?

통찰

약산 선생은 무엇을 먹고 살까? '무의 뿌리'는 먹을 수 없는 것일까? '무의 뿌리'를 먹을 수 없다면 그것을 '무'라고 할 수 있을까? 그렇다면 도대체 '무'는 무엇이며 우리는 무엇을 먹어야 하는가? 약산 선생의 가르침대로라면, 우리는 아무것도 먹을 수 없으며, 먹으려 해서도 안 된다. 하지만 우리는 얼마나 많은 것을 먹고 살고 있는가? 땅 속에 감춰진 부드러운 '무의 뿌리'에서 시작하여 하늘로 치솟아 무쇠보다 단단한 들소의 '뿔'까지도 잘근잘근 씹어 삼키고 있지 않은가? 그런데 도대체 우리는 그것을 어떻게 먹고 있단 말인가? '입'이 없는데.

논리의 대답

깨우침은 '나'로부터 먼 곳에 있지 않다. 늘 가까운 곳에서 '나'의 시선을 기다린다. 스승은 제자에게 그가 늘 하고 있는 일, 그것으로 깨우침을 주고 있다. 이제 스승의 첫 번째 질문으로 들어가 보자. "무엇을 하고 오는가?"라 질문은 아주 일상적인 대화이다. 하지만 진리를 깨우쳐 주기 위함이라면, 이것은 무엇보다 심오한 세계 혹은 진리로 가는 수행법에 관해 묻고 있는 질문이 된다. 일상 밖에서는 찾을 수 없는 진리, 일상과 분리될 수 없는 진리를 어떻게 찾고 있는지 묻고 있는 것이다. 이것은 스승의 두 번째 말, "재배하는 것은 괜찮다만 뿌리가 생기지 않게 하라."라는 역설적 표현이 그것을 짐작케 한다. '무를 재배'하는 것이 곧 일상적인 수행법인데 그것을 통해 어떤 결과를 기대해서는 안 된다는 모순적으로 보이는 가르침이다.

스승의 질문이 수행법에 관한 것임을 제자도 간파했다면, "밭에 무를 심고 옵니다."라는 답변은 제자가 실행하고 있는 수행법에 관한 것으로 이해할 수 있다.-하지만 스승의 첫 번째 질문이 수행법에 관해 묻고 있다는 것을 제자는 깨우치지 못한 상태라고 가정해보자.- 이럴 경우, 다음에 이어지는 스승의 말은 제자에게 허무맹랑하기 짝이 없을 것이다. "그래, 재배하는 것은 괜찮다만 뿌리가 생기지 않게 하라."라는 모순적인 진술은 튼실한 뿌리를 수확하기 위해 무를 재배하는 제자에게는 오히려 무를 재배하지 말라는 것과 다르지 않기 때문이다. 하지만 분명 스승은 무를 재배해도 된다고 한 것을 보면 무를 재배하는 것이 잘못된 것은 아니다. 그렇다면 이제 제자에게 남은 것은 '뿌리'가 생기지 않을 방법을 찾는 것이다. 하지만 제자는 그 역설적인 스승의 말을 전혀 이해하지 못한 것 같다. '뿌리'가 생기지 않는 방법을 강구하는 것이 아니라 다음과 같은 어리석은 질문으로 자신의 관점을 고집하고 있기 때문이다. "뿌리가 돋지 않으면 대중들은 무엇을 먹으란 말입니까?"

제자는 끝까지 무의 본질은 뿌리이고 그것이 없다면 자신을 비롯한 대중은 살아가기 힘들다는 주장을 펴는 것이다. 일단, 스승이 말한 '뿌리'가 무엇을 의미하는지부터 짚고 넘어가 보자. 우선 '재배'한다는 것이 무엇인지 알아야 한다. 앞에서 언급했듯이 '재배'는 제자의 깨달음을 향한 수행의 과정을 의미한다. 그런데 그 수행의 과정에서 '뿌리'를 만들지 말라고 했다. 그렇다면 자연스럽게 '뿌리'는 수행에서 얻고자 하는 깨달음의 실체 혹은 깨달음의 근본이라고 할 수 있을 것이다. 따라서 도달해야 하는 깨달음의 궁극적 실체는 존재하지 않으며 동시에 깨달음으로 가는 길이나 바탕 또한 따로 존재하는 것이 아님을 말하는 것이다.

이제 스승의 마지막 대답을 만나 보자. 아마도 제자는 이 대답이 자신의 머리를 망치로 내려치는 충격으로 다가왔을 것이다. "아, 입이 있었던가?"라는 이 말은 '내가 사람들에게 입이 있었다는 것을 잊고 있었네.'라는 말로 해석해서는 안 된다. 왜냐하면 스승도 사람들에게 입이 있다는 것을 모를 리 없기 때문이다. 따라서 이것은 오히려 사람들에게는 입이 없으며, 있어서도 안 된다는 것을 가르치기 위한 역설적 표현이라고 말할 수 있다.

그렇다면 '사람에게 입이 없다 혹은 있어서는 안 된다'는 가르침은 무엇일까? 그 입은 바로 '무의 뿌리'를 먹기 위한 것이다. 그렇다면 입이 없어야 하는 이유는 명백해졌다. 앞에서 언급한 것처럼 수행에 있어서 깨달음의 실체 혹은 깨달음의 방편으로서의 무엇을 먹으려 하지 말라는 것, 그런 것을 자신에게 붙이지도 소유하지도 말라는 의미이다. 무의 뿌리는 모두 거짓이거나 환영일 뿐이기 때문이다.

오늘도 우리는 어떤 '무의 뿌리'를 먹으면서 살고 있는가? '무의 뿌리' 말고도 너무나 많은 뿌리를 먹어서 몸속은 온갖 뿌리들이 뒤엉킨 쑥대밭이 되어가고 있다.

되묻기

약산 선생은 경전을 깊이 공부한 뒤

결국 문자를 버리고 선문(禪門)으로 전향하여

깨달음을 얻었지만 그는 평시에 여러 경전을 계속 보고 있었다.

그러나 주위의 제자들에게는 문자의 노예가 된다는 이유로

경전을 보지 못하도록 엄하게 단속하였다.

이를 이상하게 여긴 한 제자가 약산 선생에게 대들었다.

"남에게는 경전을 못 보게 하시면서

선생님은 왜 경전을 보십니까?"

"나는 경전을 눈앞에 놓았을 뿐 한 번도 읽은 일이 없다."

이에 그 제자가 얼른 따라서 말했다.

"저희들도 선생님처럼 경전을 눈앞에 놓고 있으면

되지 않습니까?"

이에 약산 선생이 밖을 내다보며 말했다.

"나는 눈앞에 놓았을 뿐이지만

너희들은 경전을 눈앞에 놓으면

문자가 너희들을 보는 것을 어찌 막을 수 있겠는가?"

답해보라

떠오르는 것

행렬

오, 싸우는 사랑, 사랑하는 마음!

오, 무에서 창조된 유라!

오, 무겁고도 가볍고, 절실한 허구

겉으로 보기엔 근사하나, 꼴 보기 싫은 혼돈!

납덩어리의 솜털, 번쩍이는 연기

그것이 아닌 그것!

이제 내가 느끼는 사랑이니,

어디 이전 사랑에 만족할 수 있어야지. 우습잖아?

『로미오와 줄리엣』

사랑에 빠지는 것과 사랑을 하는 것

"내가 옆에 남겨 놓았던 오렌지는 유일하게 남은 것이어서 그 효과가 대단했다네. 그러나 로테가 옆에 앉은 그 염치없는 여인네에게 몇 조각 나누어 줄 때마다 내 가슴은 찢어질 듯 했다네." 이것은 젊은 베르테르의 슬픔에서 베르테르가 내뱉은 말이다. '사랑에 빠진' 베르테르에게는 로테 옆에 앉은 '염치없는 여인네'가 악마처럼 보인 것이다. 그 여인이 로테의 오렌지를 아니 베르테르의 사랑을 빼앗거나 훔친 것도 아닌데도 말이다. 그 순간, 베르테르는 '연인'에 대한 사랑의 감정보다 '염치없는 여인네'에 대한 분노에 휩싸여 있었던 것이다. 베르테르는 '사랑에 빠진' 이면 혹은 여백이 '폭력'이라는 것을 우리에게 여실히 보여주고 있다.

'사랑에 빠지지 말자'라는 이 구호는 정말 뚱딴지같은, 혹은 많은 연인들에게 돌팔매질을 당할 소리이다. 하지만 '사랑에 빠지는 것'은 폭력이다. '나와 너'의 존재만이 하나로 성립되어야 하며, 그 이외의 타자가 우리 사이에 어떤 존재로도 존재해서는 안 되기 때문이다. 사랑(사랑에 빠지는 것- 이하동일)은 무의식적으로 타인을 배제할 수밖에 없는 악마의 다른 얼굴이다. 사랑에 빠진 연인들은 의도적으로 혹은 인위적으로 타자를 미워하거나 소외시키는 것이 아닌데도 타인들은 연인들에게서 악마의 기운을 느낀다. 사랑은 오로지 한 방향만을 지향할 뿐 동시에 다른 쪽까지 향할 수는 없는데서 오는 비극이다. 누군가와의 사랑은 또 다른 누군가와의 갈등이다. 그래서 사랑에 빠진 인간은 오늘도 어제처럼 전쟁 중에 있는 것이다. 전쟁은 사랑이 만든 '차별'과 그것에 대한 소리 없는 저항이다. 극심한 개인주의적 삶만이 허용되는 지금, 사랑과 전쟁은 더욱 다양한 양상을 띠면서 날카롭고 복잡하게 변해가고 있다. 사랑의 깊이만큼이나 타인의 고통도 깊어만 가고 있다.

그런데, 중요한 것은 사랑의 이면, 즉 폭력 혹은 악마의 시선은 타인에게만 향하는 것이 아니라는 점이다. 폭력은 연인들 사이에서도 강하게 발생한다. 사랑은 상대방과의 동일화를 욕망한다. 그런데 이것이 가능하기 위해서는 나를 파괴하거나 혹은 상대방을 죽여야만 한다. 나에게든 상대방에게든 희생의 칼날이 겨누어질 수밖에 없는 것이다. 남성이 여성이 되거나 여성이 남성이 되어야 하며, 나는 네가 되어야 하거나 너는 나가 되어야만 한다. 이것은 위험한 일이다. 우리는 어떤 누구와노 하나가 될 수 없으며 되어서도 안 되기 때문이다. 그런데 주체가 대상과 하나가 되거나 된 것으로 위장한다면, 그것은 자신이 대상에 대한 이미지를 조작한 것에 불과하며, 대상에 대한 어떤 것도 긍정의 시선으로 포용해야만 하는 강박의 상태에 빠진 것이다. '긍정', 이것만큼 좋은 것이 또 어디 있겠는가? 하지만 이런 사랑의 '긍정'이 살짝 일그러지거나 하나씩 사라지면서 연인에 대한 서로의 폭력도 시작된다. 연인에 대한 '긍정'으로 얻은 일체적 사랑은 자신의 모든 것을 상대방에게 투사한 것으로서 그것이 파괴되는 순간 자신도 파괴될 수밖에 없는 슬픈 운명을 품고 있다. 베르테르의 자살처럼 말이다.

'사랑에 빠지는 것'은 '악마의 유혹'에 입맞춤하는 것이리라. 어떤 대상이 내뿜는 유혹이 아니라 '사랑 그 자체'가 가진 '욕망의 손짓'에 걸려드는 것이다.

라깡을 보자. "욕구는 실제적인 대상과 관계되지만, 요구에서의 대상은 비본질적인 것으로 그것은 사실상 사랑의 욕구이다. 욕망은 이런 욕구와 요구의 틈 사이에서 생겨나는데…. 타자의 무의식을 고려함이 없이 자신을 강요하고, 또 타자에 의해 절대적으로 인정받기를 원한다는 점에서는 요구로도 환원되지 않는다." 이처럼, 사랑은 거울 앞에 선 어린아이와 같다. 주체가 바라보는 대상은 거울 속에 비친 '나'이어야 하며 그것이 환영일지라도 그것에서 벗어날 수 없기 때문이다. 결국, 사랑이 지향하는 한 방향, 그것은 오로지 자신이었으며, 그 시선은 거울 밖을 보지 못하게 만든 어둠인 것이다. 사랑은 타인이 비추는 것이 아니라 거울 앞에 선 자신만을 자신의 시선 속에 가두는 것이다.

이제, '사랑을 하자'. 특정한 대상에게만 '빠지는 것'이 아니라 모두에게 대상이 될 수 있는, 독점되거나 경계를 갖지 않는 '존중'의 대상을 발견하고, 그 대상과의 '닮음'을 지향하며, 자신을 조금씩 변화시키면서도 자신의 존재를 파괴하지 않는, 여백으로 남아 있던 타인들에게도 동시적인 시선을 가질 수 있는 사랑을 하자. 이것은 우리가 신을 사랑하는 방법과 다르지 않다. 결코 우리는 신과 하나가 될 수 없으며, 신과 하나가 되고자 하는 욕망 또한 신을 우리의 감옥 안으로 가두려는 망상임을 알듯이, 우리는 타인을 사랑해야 한다. 신이 자신의 영역 너머에 존재하는 모든 것을 사랑하듯이 완전한 하나가 아닌 '닮음'을 지향하며, 동시에 자신을 비롯한 모든 것이 동시에 존재할 수 있는, 하나 됨의 폭력이 사라진 존중의 행위로써 살아가듯이, 타인을 바라보아야 한다.

알로드밴드는 말한다. "멀리에서 인간의 얼굴은 하늘과 경합하고, 인간의 지성이 불완전하게나마 신의 지혜를 빈영하는 것과 마찬가지로 눈은 밝지는 않지만 하늘에서 해와 달이 발산하는 강한 빛을 반사하고, 입은 입맞춤과 사랑의 말이 통과하는 장소라는 점에서 베누스는 여신이다."라고. 사랑을 하는 것, 그것은 타인에 대한 '존중'의 거리를 유지하며 대상을 '닮아가는 것'이리라. 이럴 때 사랑의 방향은 순환성을 가지며, 그것은 특정한 사람들에게만 상호 교환되는 것과는 사뭇 다른 것이 된다. 별은 밤공기를 닮아가고, 밤공기는 새벽이슬을 닮아가고, 새벽이슬은 꽃을 닮아가고, 꽃은 벌을 닮아가듯 사랑은 흐르고 그 울림은 모두에게 다시 돌아간다. 우리가 별의 빛남을 닮아가는 것은 아마도 지구 반대편의 그 누군가를 존중하는 것이리라.

너의 눈 속에는
은하수가 흐르고 새벽 별이 빛난다

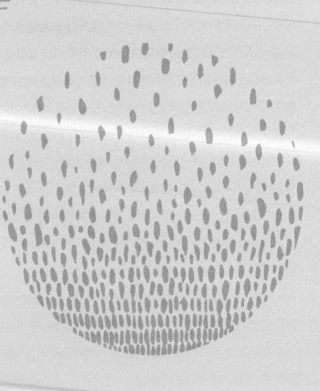

던지기

너의 눈 속에는 은하수가 흐르고
새벽 별이 빛난다

이만권(李萬卷)이라는 사람이 귀종 선생을 찾아와서 물었다.

"경전에 '수미산에 겨자씨를 넣는다'라는 것은 이해가 갑니다만

'겨자씨 속에 수미산을 넣는다'함은 거짓말이 아닙니까?"

이에 귀종 선생이 말했다.

"사람들은 당신이 만 권의 책을 읽어 출세했다는데 사실인가요?"

"사실입니다."

"당신의 몸뚱이를 보니 어디에 만 권의 책이 들어갈 수 있겠소?

통찰

만 권의 책이 무슨 소용이겠는가? 만약, 단어만 '보고' 단어 뒤에 숨은 질문을 듣지 못한다면 그것은 장님이 책을 '만지는' 것과 다르지 않을 것이요, 단어는 오히려 자신의 눈과 귀를 가리는 장애물이 될 뿐일 것이다. 차라리 책을 버리고, 밤이 되면 어김없이 떠오르는 달을 보거나, 여름이면 울어대는 매미소리에 귀를 기울이는 것이 나으리라. 그렇게 한다면, 무엇이 우리의 눈을 뜨게 하고 막힌 귀를 뚫어 주는지 깨닫게 될 것이다. 그것은 만 권의 책을 읽는 것만큼 긴 시간이 필요치 않을 것이니.

논리의 대답

'이만권(李萬卷)', 이름이 정말 좋다. '남아수독오거서(男兒須讀五車書)'라는 옛 말씀에 딱 들어맞는 이름이다. 남자는 무릇 다섯 수레의 책을 읽어야 삶을 제대로 완성할 수 있다고 했다. 하지만 이만 권의 책을 읽는 것이 한 권의 책을 만나는 것보다 못한 경우가 얼마나 많은가? 바로 이만권(李萬卷)의 경우처럼 말이다.

이제 이만권(李萬卷)의 첫 질문을 보자 "경전에 '수미산에 겨자씨를 넣는다'라는 것은 이해가 갑니다."라는 것은 '나도 경전을 공부할 만큼 했으며 귀종 당신만큼 압니다.'라는 자만심이 들어있는 말이다. "그런데 '겨자씨 속에 수미산을 넣는다'함은 거짓말이 아닙니까?"라고 말한 것은 경전의 한계와 모순점을 자신의 지식으로 깨보고자 함이다. 하지만 하룻강아지 범 무서운 줄 모르고 덤비는 어리석은 짓이다. 즉 이것은 이만 권의 책을 읽었다는 거만함으로 귀종에게 도전장을 내민 격이다.

그런데 귀종의 마지막 질타를 보면, 이만권은 '수미산에 겨자씨를 넣는다'라는 부분도 제대로 이해하지 못했다. 왜냐하면 두 문장 간의 논리적 대응 관계만 고려해 보아도 '겨자씨 속에 수미산을 넣는다'라는 말의 의미를 쉽게 깨달을 수 있기 때문이다. 하지만 어리석은 이만권(李萬卷)은 앞의 두 문장을 논리적 대응구조로 보지 못한 채 통념적 지식에 근거해 모순적 문장들이 나란히 배치되어 있는 것으로만 보고 있다. 즉 이만권(李萬卷)은 뒤 문장은 앞문장을 근거로 존재할 수 있는 것이며, 앞문장도 역시 평범한 문장 같지만 뒤 문장이 존재하지 않는다면 본질적 의미가 사라지고 만다는 것을 모르고 있는 것이다. 여기서 우리는 이만권이 뒤 말의 의미에 다가가지 못한 이유를 알 수 있다. 그것은 앞 말을 이해했다는 착각 속에 갇혀, 즉 앞 말에 대한 자신만의 지식적 범주 속에 뒤 말을 집어넣으려고 했기 때문이다. 앞 말과 뒤 말의 논리적 범주가 동일한 상황에서 뒤 말의 근거가 되는 첫 말을 잘못 이해했으니 뒤 말의 의미가 보일 리가 만무한 것이다.

그렇다면 두 말의 진정한 의미는 무엇일까? 그것은 두 말의 의미를 파악할 수 있는 전제로서의 문장인 "당신의 몸뚱이를 보니 어디에 만 권의 책이 들어갈 수 있겠소?"를 통해 파악할 수 있다. 이 말은 두 가지 의미를 내포하고 있다. 첫 번째는 이만권에 대한 질타이다. 사람들은 당신이 만권의 책을 읽었다고 하는데 내(귀종)가 보기에는 한 권도 제대로 읽지 않은 무식쟁이 같다는 의미이다. 만 권의 책을 제대로 읽었다면, "겨자씨 속에 수미산을 넣는다"라는 정도는 쉽게 이해할 수 있어야 한다는 것이다. 두 번째 의미는 이만권이 궁금해하는 "겨자씨 속에 수미산을 넣는다"라는 것이 무엇을 의미하는지에 관한 대답이다. 즉, 당신의 작은 몸뚱이에 엄청난 분량의 책(만 권)이 들어갈 수 없다면 당신은 전혀 책을 읽지 않은 것이 되지만, 당신과 사람들의 말이 사실이라면 당신의 작은 육체 속에 수만 권의 책들이 들어가 있다는 것을 말하는 것이다. 즉, 작아보이는 것 속에 크다고 생각하는 것들이 충분히 들어가고도 남음이 가능하다는 것을 말해주는 것이다.

이제 궁금한 것은 이만권의 작은 몸뚱이에 만 권의 책이 어떻게 들어갔느냐 하는 것이다. 그것은 아주 간단하다. '책'이라는 종이 뭉치가 들어간 것이 아니라 책 속에 담긴 지식들이 들어간 것이다. 작은 스마트폰 속에 수백만 건의 동영상과 책 그리고 정보들이 들어가 있는 것처럼 말이다. 따라서 귀종은 이만권에게 '너는 만 권의 책을 너의 몸뚱이 속에 넣지 못했으니 겨자씨 속에 수미산을 넣는 방법을 알 수 없다'라고 깨우쳐 주고 있는 것이다. 그렇다면 이제 두 문장을 다시 한 번 정리해 보자. 먼저 "수미산에 겨자씨를 넣는다."라는 것은 단순히 거대한 산에 아주 작은 씨를 뿌린다는 의미가 아니다. 거대한 수미산은 아주 작은 겨자씨로부터 만들어졌으니 무엇이 먼저이며 무엇이 크고 작은 것인지 위계적 포함관계에 그들을 종속시키지 말라는 의미이다. 그렇다면 "겨자씨 속에 수미산을 넣는다"라는 의미도 앞의 말과 같은 것이 된다. 겨자씨 속에는 수미산을 만들 수 있는 근원이 들어 있는 것이니, 겨자씨가 곧 나무가 되고 그런 나무들이 다시 씨를 뿌려 숲을 이루면 그것이 수미산이 되는 것이다. 결국 작아 보이는 씨앗이 거대해 보이는 수미산을 품고 있는 것이다. 결국 두 문장은 '뫼비우스의 띠'와 같이 '안과 겉' 혹은 '시작과 끝'의 구별이 없는 인과의 고리로 연결되어 있는 것이다.

결국. 이만권은 한 권의 책도 자신의 것으로 만들지 못한 채 거대한 진리에 도전장을 내민 것이니, 그것은 계란으로 바위를 깨려는 어리석은 짓에 불과한 것이다.

되묻기

백사인(白舍人)이 귀종 선생을 뵈러 왔을 때

선생은 벽에 흙을 바르고 있다가 고개를 돌리며 말했다.

"군자의 선비인가, 소인의 선비인가?"

"군자의 선비입니다."

이 말 끝에 선생이 흙손으로 흙 판을 두드리니

백사인이 흙을 받았다. 이때 선생이 말했다.

"그대가 바로 천재라 일컫는 백사인이 아닌가?"

"그렇기는 합니다만…"

이에 선생이 말했다,

"이제 보니 겨우 진흙이나 떠주는 사람이군."

답해보라

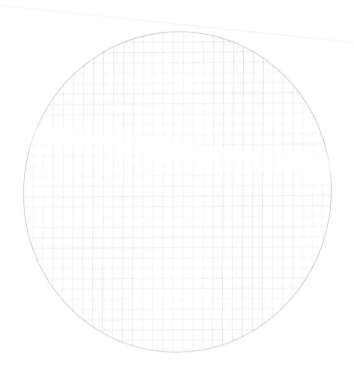

떠오르는 것

차일드 헤렐드의 편력

나는 나 자신 속에 살고 있지 않고
나를 둘러싸고 있는 것의 일부가 된다.
나에겐 높은 산이 하나의 느낌이다.

바이런

전체와 부분

'넓고 아득한 우주에 큰 사람이 산다.' 아! 정말 멋진 시구다. 놀랍게도 이 시구는 김인후가 다섯 살에 지은 것이라고 전한다. 믿기 어렵다. 이것은 단순한 시구를 넘어서 철학과 과학의 진리가 담겨있기 때문이다. 왜 그럴까? 일반적인 상식에서 보면, 우주 아래 사는 사람은 먼지보다 작은 존재인데 시인 김인후는 사람을 우주만큼 큰 존재로 보았기 때문이다. 우주와 사람을 동등한 위치에 놓은 것이다. 크기의 측면을 감각적으로 비교해 보면, 사람이 작은 것은 너무나 명백한 사실이다. 그렇다면 감각적 측면에서 이 시는 허황된 공상에 지나지 않는다. 하지만 관념적 차원으로 접근해 보면, 이 시는 큰 진리를 말하고 있는 것임이 분명하다. 유학에서 인간을 지칭하는 '소우주'가 바로 그것이다. 인간의 관념 속에는 우주보다 더 큰 세계가 들어 있다. 한낱 부분에 지나지 않은 인간이 거대하고 전체로 보이는 우주를 관념의 품안으로 끌어들인 것이다. 이것을 단순한 문학적 상상력이나 은유만으로 치부할 수는 없다. 이것은 전체와 부분에 관한 우리의 오해를 깰 수 있는 경구가 될 수 있기 때문이다.

또 다른 시구를 만나보자. - 한 알이 모래에서 세계를/ 그리고 한 송이의 들꽃에서 천국을 보기 위하여/ 너의 손바닥에 무한을/ 그리고 하나의 시간에 영원을 간직하라. - 이 시는 윌리엄 브레이크의 작품으로 단순히 문학적 비유의 아름다움을 넘어, 과학적 냄새가 짙게 풍긴다. 한 알의 모래에 세계가, 한 송이 들꽃에 천국이 들어있다는 표현은 시적 은유로서는 그렇게 매력적이지 못하다. 하지만 그 속에 숨은 과학적 사실은 충격적이다. 모래는 세계라는 전체 속의 한 부분에 지나지 않는데도 이 시는 그 상황을 역전시켜 버렸다. 작은 부분이 전체를 품으면서, 부분과 전체의 경계를 지워버린 것이다. 마찬가지로 천국을 아름답게 꾸며주는 작은 부분으로서의 꽃이 오히려 전체로서의 천국을 담고 있다. 따라서 이것은 하나의 단어가 우주의 광활함을 담았고, 보이지 않는 무한이 보이는 것 속에 안겨 있는 것이다.

이렇게 부분과 전체의 경계가 사라지는 것은 현대 과학의 양자론에서도 발견할 수 있다. 물리학자들은 이렇게 말한다. "양자론은 20센티미터의 판유리 조각을 사이에 두고 관찰자와 안전하게 분리되어 있는 '저 바깥에 놓여 있는' 세계라고 하는 개념을 깨뜨렸는데, 양자론에 관해서 이보다 더 중요한 것은 없다." 이상과 같은 것을 기술하기 위해서는 '관찰자'라는 낡은 말을 지워 없애 버리고 그 자리에 '참여자'라는 새로운 말을 집어넣어야 한다. 좀 이상한 의미지만, 우주는 참여하는 우주이다."라고. 이처럼 거리를 두고 보면, 저것과 이것의 경계가 생기지만 더 가까이 그리고 그 속까지 들어가 보면, 어느 누구도, 어느 것 하나도 부분으로 끝나지 않는다는 사실을 접하게 된다.

차이가 사라진 동등한 하나의 새깨, 즉 부분으로서의 작은 것이면서 동시에 전체로서 큰 것이 된다. 물리학자들의 말처럼, 상대적으로 큰 것 혹은 작은 것으로서의 '관찰자'의 존재는 사라지게 된다. 그동안 '관찰자'라는 상대적 크기를 가진 주체에서 대상을 파악했다면 어떤 경우라도 그것의 정확성을 보장받을 수는 없으리라. 따라서 상대적 크기는 무의미해졌고, 관찰자라는 주체적 지위도 사라지게 되었다.

즉, 작은 것으로서의 부분 혹은 큰 것으로서의 전체가 사라진, 동등한 '참여자'들만이 존재하는 세계가 존재할 뿐이다. 우리는 더 이상 '관찰하거'나 '관찰되는' 존재가 될 수 없다. 이것은 우리가 지구를 볼 수 없는 것과 같다. 지구와 우리는 부분과 전체로 분할되지 않으며, 부분이면서 동시에 전체이기에 지구의 바깥에서 관찰되는 부분이 될 수 없는 것이다. 따라서 우리에게 관찰되는 것들이 있다면 그것은 그냥 '우리'일 따름이다.

대중으로서의 개인들은 소수의 권력적 개인들보다 더 큰 집단을 이루면서도 언제나 '부분'으로만 취급되어 온 것이 인간의 역사이다. 어느 누구도 시대와 사회의 부분이 아닌 사람은 없었다. 전체는 전체로 보이는 대중 집단에게는 늘 없었다. 대중은 부분들이 단순한 집합체로서만 존재할 뿐 그것이 전체를 이루지는 못했다. 역사에서의 전체는 양적인 것이나 규모의 성질이 결정할 수 있는 것은 아니었다. 그것의 결정은 '관찰자'와 '관찰되는 자'라는 '관계' 속에서 '관찰자'의 지위를 가진 자들의 절대 권력에 의해 이루어졌다. 대중은 늘 '관찰되는 자'일 뿐이었다. 대중이라는 단어가 사라지고, 누구도 관찰되지 않는 자의 지위를 가질 때 우리는 부분에서 탈출하게 된다.

우리가 전체를 품고 있는 개인으로서 타인을 나와 같은 전체로서 바라볼 때, 부분도 전체도 사라진다. 한 국가 구성원으로서의 부분, 한 회사 직원으로서의 부분, 가족 구성원으로서의 부분, 친구의 친구로서의 부분이 아닌 부분에서의 부분, 곧 전체로서의 전체로 존재할 때 우리는 세계로서 세계 속에 실존하게 되는 것이다.

『주역』의 '소축괘'(小畜卦)를 보면, 전체로서의 '나'와 부분으로서의 '나'가 하나였음을 알게 된다. 소축괘는 하나의 음효와 다섯 개의 양효로 구성되어 있다. 얼핏 괘를 보면 다섯 개의 양의 기운이 전체를 지배하고 있고, 음은 전체로서의 양의 기운에 구속 혹은 지배된 부분인 것처럼 보인다. 하지만 중요한 것은 부분으로서의 음이 전체로서의 양을 품고 있다는 사실이다. 그 이유를 '구름이 잔뜩 끼었으나 비가 내리지 않는 것은 구름이 서쪽 교외에서 날아오고 있기 때문이다.'라는 해석에서 찾을 수 있다. 다시 말해 소축괘는 하늘이 서쪽에서 몰아 온 구름을 품고 있는 것으로서 비가 내리기 직전의 상황을 묘사하고 있는 것이다.

비를 뿌리기 위해서는 구름이 조금 더 모여야 하고 여러 가지 조건들이 더 갖추어져야 하는데 이러한 부분들이 아직 충족되지 않은 것이다. 그래서 음효가 아직 갖추어지지 않은 부분으로서의 구름이자 비를 내릴 수 있는 결정적인 요소(힘)가 되는 것이다. 결국 소축괘는 부분으로서의 한 개의 음효가 전체로 보이는 다섯 개의 양효를 품고 있는 형상으로서, 부분이 완전한 전체를 만들 수 있으며 전체는 부분의 다른 이름에 지나지 않음을 보여주는 것이다.

니체가 『짜라투스트라는 이렇게 말했다』에서 말한 것처럼, 우리는 가장 높은 산이며 그것은 바다로부터 온 것이다. 산 정상의 바위는 세계의 부분으로서 솟아 있는 것처럼 보이지만 그것은 바다로 이어져 있고 바다 속에는 거대한 산 정상들이 잠자고 있다. 이처럼 인간은 보이기만 하는 부분으로서의 산만

품은 것이 아닌, 보이지 않는 바다 속까지 품은 전체로서의 '나'
인 것이다.

하나만큼 많은 것을 보지 못했다

하나만큼 많은 것을 보지 못했다.

어느 날 운암이 도오 선생에게 물었다.

"천수천안의 신은 천 개의 손과 눈을 갖고 있는데

그걸 다 어디에다 씁니까?"

도오 선생이 말했다.

"한밤중에 자다가 베개를 놓쳤을 때 더듬어 찾는 것과 같지."

"잘 알겠습니다."

도오 선생이 다시 물었다.

"그래, 무엇을 알았다는 말인가?"

"온몸에 두루 손과 눈이 있지요."

도오 선생이 고개를 갸웃거리며 말했다.

"그대 말이 제법 그럴듯하다만 아직 안 되겠다."

운암이 다시 물었다.

"그럼 선생님께선 어떻다는 겁니까?"

도오 선생이 대답했다.

"온몸이 그대로 손과 눈이지."

통찰

우리는 가짜가 전부인 세상에서 살고 있다. 모두가 비슷할 뿐 진짜가 아닌데도 우리는 한 번도 진짜를 본 적이 없기 때문에 그것을 진짜로 믿을 수밖에 없기 때문이다. 그래서 우리는 가짜를 가짜인 줄 알기 어렵고 진짜를 진짜라고 말하기도 어렵다. 비슷한 것이 무서울 따름이다. 오히려 객이 주인 행세를 하고 있기 때문에 주인은 객처럼 머물 듯 사라져 가야 한다. 운암이 이 꼴이로구나. 객에 지나지 않는 주제에 주인 노릇을 하려 들다니…

논리의 대답

운암의 '천 개의 눈과 손은 무엇을 위해 존재하는가?'라는 질문 속에는 '눈과 손이 두 개면 충분한 것이 아닌가?'라는 의문이 들어있다. 정말 천 개의 눈과 손으로 신들은 무엇을 할까? 여기서 중요한 단어는 '천 개'라는 숫자다. '천 개'는 셀 수 없이 많다는 의미이지만 '천 개'가 과연 몇 개인지 그리고 그 숫자가 왜 중요한지는 도오의 마지막 답변을 통해 알아보기로 하고, 다시 운암의 질문으로 돌아가 보자. 도대체 신들은 그렇게 많은 눈과 손을 '어디'에 쓸까?라는 질문에서 운암이 품고 있는 전제는 눈이 하는 일과 손이 하는 일에 대한 '제한성'이다. 운암이 생각하는 눈의 기능은 밝은 대낮에 존재물들을 보고 확인하는 것이며, 손이 하는 것 역시 밥을 먹고 기구를 활용해 일을 하는 정도에 지나지 않는 것이다. 이렇게 눈과 손의 기능이 제한적인데 구태여 '천 개'나 갖고 있을 필요가 있는가?라는 것이 운암의 비판적 의문인 것이다.

하지만 도오 선생의 답변을 보면 운암이 갖고 있는 '전제'는 뒤집어야 하거나 파기해야 한다. "한밤중에 자다가 베개를 놓쳤을 때 더듬어 찾는 것과 같지."라는 말에서 우선 '한밤중'을 보자. 도오가 한밤중이라는 시간을 설정한 것은 '낮 시간' 속에서만 생명성을 가지는 '눈'에 대한 운암의 고정관념을 깨부수기 위함이다. 다음은 '더듬어'라는 동사를 보자. 더듬는 것의 주체는 '눈'이 아니라 '손'이다. 그렇다면, '찾는다'의 주체는 무엇인가? 역시 여기서도 '손'이 된다. 그런데 일반적으로 '찾는다'의 주체는 '눈'이다. 무엇을 찾을 때 그것을 '눈'으로 추적하고 판단하여 찾는 것이지 '손'이 이끌어가는 것이 아니다. 단지 '손'은 '찾은 것'을 '잡는 것'에 지나지 않는다. 그런데 도오의 답변에서는 반대로 '손'이 찾는 것의 주체가 되고 있다. 결론적으로 '한밤중'이라는 시간 속에서는 '손'이 '눈'의 기능을 하게 된다. 즉, '손'이 '눈'인 것이다. 이렇게 볼 때 도오의 대답은 운암의 편벽된 사고와 시선을 넓혀주고자 한 것이다.

이제 운암이 '한밤중'에 길을 잃었던 자신의 모습, '無明'의 덫에서 조금은 벗어난 듯 보인다. "온몸에 두루 눈과 손이 있지요."라는 답변을 보면 그럴 듯해 보이기 때문이다. 하지만 "온몸이 그대로 눈과 손이지."라는 도오의 답변과 비교해 보면, 운암이 아직 어둠에서 완전히 벗어나지 못했음을 알 수 있다. 그렇다면 운암은 무엇을 깨닫지 못한 것이며 도오와 운암의 말은 어떤 차이를 가지고 있는 걸까? 운암이 깨우치지 못한 것은 한낮과 한밤중의 '손'과 '눈'의 차이점이다. 즉, 한밤중에는 '손'이 '눈'의 역할을 대신하는 것이 아니라 '손'이 '눈'으로 바뀌는 것이다. 운암은 '손'과 '눈'은 구별되는 존재가 아니라는 사실을 모르고 있던 것이다. 또 다른 것은 '온몸'과 '손, 눈'이 분리된 신체의 것들이 아니라는 사실이다. '온몸에'에서 '에'는 공간이나 대상을 나타내는 체언에 붙는 부사격조사이다. 따라서 "온몸에 두루 눈과 손이 있지요."라는 표현은 '온몸'과 '눈, 손'을 구별되는 존재로 인식하고 있다는 것을 말함이다. 하지만 운암의 생각과 비슷해 보이는 도오의 답변은 완전히 다른 것이다. '그대로'라는 부사로 인해 '온몸'과 '눈, 손'이 분리되지 않은 하나의 존재라는 것을 말하고 있기 때문이다.

이제 앞부분에서 궁금해 했던 '천 개'라는 단어의 의미를 파악해보자. 어느 정도 답이 보였을 것이라 생각한다. 도오의 가르침대로라면 '천 개'는 수 없이 많은 것을 말하는 것이 아니라 '하나'였던 것이다. 즉 천 개의 눈은 천 개의 손이며 이 둘은 동시에 하나의 몸과 분리되지 않기 때문에 결국 천 개는 곧 하나인 것이다. 그렇다면 '천 개가 곧 하나'라는 것은 무엇을 말하고자 함인가? 즉 달라 보이는 것들이 결국 모두 같은 것이며 하나로도 모든 것을 볼 수 있으며 많은 것들로 보는 것도 결국 하나에 불과한 것이다. 다른 표현을 써본다면, 보고 만지는 주체가 곧 보고 만짐의 대상이 되는 것이다. 신이 '천 개의 눈과 손'을 가진 것은 모든 것을 통찰하기 위함이요, 통찰의 대상은 결국 '하나'에 지나지 않으며, 대상은 통찰의 주체인 동시에 신과 다르지 않은 것이라고 말할 수 있으리라.

되묻기

한번은 어떤 사람이 유명한 화가에게서 '말 그림'을 받아

잇큐 선생에게 찬을 청했다.

잇큐 선생은 조금도 망설이지 않고 이렇게 썼다.

"말인 것 같다."

그 사람은 화가 잔뜩 나서 돌아갔다.

그리고는 렌뇨 선생에게 가서 그림을 망쳐 놓은 이 글을

어떻게든 잘 고쳐 달라고 부탁했다. 그랬더니 랜뇨는

잇큐 선생의 글 밑에 붓을 대더니 이렇게 썼다.

"그런 것 같다."

그림 주인은 말문이 막혀 버렸다. 그러나 그 그림은

점점 유명해져 나중에는 천하의 명보(名寶)가 되었다.

『벽암록』

답해보라

금시

만약 거문고 안에 거문고 소리가 있다면

갑 속에 있을 때는 왜 소리가 없으며

만약 소리가 손가락 끝에 있다면

어찌하여 그대의 손끝에선 들리지 않나

소동파

넘어서기

존재와 무

'존재와 무(無)' 그 둘을 '관계'라는 단어로 묶을 수 있을까? '관계'라는 단어는 서로 다른 무엇들을 연결해주는 끈이다. 분명한 차이를 가지고 있는 것들이 동시에 동일한 성질의 범주를 가질 때 '관계'의 끈이 등장할 수 있는 것이다. 하지만, '존재와 무'는 동일한 사람이 외투를 갈아입는 것에 지나지 않는다. 외투의 변화가 그를 모르는 사람들에게는 그를 다르게 볼 수 있는 기제가 될 수 있을지는 몰라도 분명 그는 한 사람이다. 다시 말해, 존재는 무의 옷을 입은 것이며, 무는 존재의 옷을 입은 것에 지나지 않는다. 그래서 존재와 무는 관계로 묶일 수 없으며, 그것은 이름만 다른 동일한 것이다.

알랭 바디우는 "말을 해야만 하는 것은 단지 우리가 언어의 먹이이기 때문만은 아니다. 그것은 역시, 그리고 무엇보다도, 우리가 말의 대상으로 삼아야 하는 그것이 명명되자마자 그 자신의 비(非)-존재를 향해 사라지기 때문이다. 그래서 명명의 작업은 항상 되풀이되어야 한다. 존재는 스스로 무가 되어 가는 것에 다름이 아니다."라고 주장했다. 이것은 '존재'가 언어라는 매개, 즉 옷을 입는 순간 '무'가 되어 버리는 현상을 보여주는 것이다. 즉, 명명의 주체로서의 존재는 대상을 명명하는 순간 자신의 존재는 사라지고 오히려 대상만을 존재하게 만든다는 것이다. 동일한 방식으로 대상도 사라진다. 주체가 다시 존재할 수 있는 방식은 명명의 행위를 거두는 것이며 그 순간 명명된 대상은 '무'로 돌아가게 된다.

이쯤에서 우리는 '존재'와 '무'에 대한 범위 혹은 정의가 필요함을 느끼게 된다. '존재'는 '감각적 존재'와 '인식적 존재'로 대별될 수 있다. '감각적 존재'는 일반적으로 사람들이 인정하는 존재로서, 감각이 '무'의 존재 여부를 가리는 기준점이 된다. 쉽게 말해, 눈에 보이지 않는다고, 감각되지 않는다고 과연 존재하지 않는 것일까? 그것은 개별적 주체의 감각 범위에서만 '무'일 뿐이지, 다른 주체들의 감각의 범위 속에서는 여전히 '존재'하는 것이 된다. 따라서 사람들의 '존재와 무'에 관한 일반적인 인식은 개별적 감각이라는 옷에 의해 결정되는 것에 지나지 않는다. 그 옷을 입고 있을 때는 대상이 존재하는 것이며 그 옷을 벗을 때, 그 대상은 사라지게 되는 것이다. 즉 어떤 것도 절대적이며 보편적인 것으로서의 '존재와 무'가 될 수는 없다. 결론적으로 한 개인에게서의 '감각적 존재'는 동시에 타자에게는 '무'가 될 수 있으며, 개인에게서의 '무'는 곧 타자에게 '존재'가 될 수 있는 것이다.

　이제, 감각적 존재에서 벗어난, '인식적 존재'는 어떤 것인지 살펴보자. 인식 속에 존재하는 것들에는 감각의 세계에서 존재하고 있는 것들과 감각의 세계에서 감각될 수 없지만 그 존재가 인정되는 경우, 그리고 감각적 세계에서 완전히 배제되어 존재하지 않는 것들의 존재가 있다. 인간의 인식 안으로는 무엇이든 들어올 수 있다. 그렇다면 들어올 수 있는 것들은 이미 인식하는 개별적 주체에게는 '존재'하는 것이 된다. 그리고 감각적 세계에서 감각되지 않은 것들을 존재로 인정한 바를 보면, '사랑'과 같은 추상성을 가진 단어들이 있다. 또한 감각되지 않은 것들 가운데 감각의 세계에서 '존재'로 합의되지 않은 채 인간의 상상 속에만 존재하는 유니콘, 외계인, 혹은 미처 명명되지 못한 것들이 존재한다. '인식적 존재'의 세계에서는 '존재'가 된다. 하지만 인식 속에서 인식의 대상이 다른 곳으로 옮겨지면 '존재'였던 것들은 다시 '무'가 되어버린다. 결국, 존재와 무는 주체의 의식 속에 머무는 시간의 차이에 지나지 않는다. '존재'는 인식의 세계에 잠깐 머무는 것이며, 그와 반대로 '무'는 인식 속에 무의식의 가면을 쓰고 오랜 시간 들어 앉아 있는 것들이다.

　따라서 '존재와 무'에 관한 통념적 시각, 서로 다른 방향의 극점이라는 정의는 폐기되어야 한다. 그렇다면 '나'의 존재도 짧은 시간에 우연히 출현했다가 영원히 '무'로 살아가는 존재일 수밖에 없다. 여기서 중요한 것은 우연성이다. '존재'는 의식이와 닿을 때 생성되는 것으로서 그 의식은 우연성에 기대고 있다. '나'는 타자에 의해 명명되는 순간, 그것도 예정되지 않은 '나'에게서는 언제 타자에게 명명될지 알 수 없는, 필연성이 결여된 시간 속에서의 '존재'로서만 존재한다. 또 다른 순간의 '나'의 존재는 '나'라는 주체가 우연히 '나'를 의식의 대상을 삼는 순간이다. 주체로서의 '나'가 타자를 향한 의식 속에 머물 때, '나'는 '무'가 되어버린다. 하지만 '나'를 다시 '존재'로 존재하게 하는 것은 의식의 방향을 '나'로 전환하는 것이다. 나도 모르게 불쑥불쑥 올라오는 우울과 고독이 나를 지배할 때, 나는 나를 인식하는 '나'의 존재자가 된다.

그런데, 왜 우리는 '존재'가 지속되어 있다는 느끼는 것일까? 그것은 '나'보다 훨씬 큰, 여집합으로서의 '타자'의 시선과 의식이 더 오랜 시간 '나', 즉 대상에게 머물러 있기 때문이다. 이때 타자들의 시선과 의식은 연속적이지 않고 불연속적이다. 하지만 우리는 불연속적인 것들의 연속성을 마치 지속적인 것으로 착각한다. 이 때 '무'의 또 다른 모습은 '사라짐과 나타남'을 반복하면서 '존재'와 연결되어 흐른다. 별이 반짝임을 통해 존재함을 보이는 것과 같이 세계도 '존재와 무'의 상태기 번갈아 가는 반짝임으로 그 존재를 현시한다. 텅 빈 공간이 '존재'들로 가득 차 있다면 더 이상 '텅 빈 공간' 즉, '무'의 상태는 존재할 수 없고 그것은 더 이상 '공간'이라는 이름을 가질 수 없게 된다. 즉, 존재들이 사라져 갈 때 '공간' 즉, '무'가 생성될 수 있는 것처럼 세계도 '존재'들이 '무'로 변화하는 과정의 연속, 반짝임이 세계를 형성해 가는 것이다. 즉 세계는 우연성의 시선과 의식들이 '존재'와 '무'를 적절하게 변화시키는 과정으로서의 시간이다. 존재와 무의 반짝임 그것이 '나'이자 곧 죽음이며 세계이다.

무는 존재하는 것들의 여백에서 존재하는 것들을 지배한다. 존재하지 않는 것들은 우리의 의식 속으로 들어오는 순간 존재하는 것으로 간주되면서 마치 그 이전부터 분명하게 존재해 온 것처럼 존재하는 것들의 왕위를 차지한다. 과연, 아인슈타인의 '상대성이론'에서부터 시간과 공간이 연결되기 시작한 걸까? 그렇지 않다. '상대성 이론'의 발견과 상관없이 그 이론에 관한 내용들은 이미 존재했고 그것들은 이 세상을 지배하고 있었다. 하지만 상대성 이론에 담긴 내용들이 우리에게 '존재하지 않은 것'으로 인식조차 되지 않았기 때문에 우리는 그것을 '무'로 치부해버린 것일 뿐이다. 즉, 그것은 우리에게 존재하지 않았지만 그것은 우리와 상관없이 존재했으며, 그것이 아인슈타인에 의해 발견되었음에도 그것은 존재하지 않는 것처럼 우리 주위를 맴돌 뿐이다. 그것이 존재한다고 이론에 의해 이해하고 있지만, 우리가 '유령'이라는 단어를 이해하면서도 '유령'의 존재를 인정하지 않는 것처럼 말이다. 따라서 존재하지 않는 것은 존재하는 것들을 지배하면서 존재하고, 존재하는 것들은 그것들이 존재하지 않는 것들과 연결되어 있다는 점에서 존재하지 않는 것이다.

파도를 피하지 말고 타라

던지기

파도를 피하지 말고 타라

불일이 찾아오니 협산 선생이 물었다.

"어디에서 왔는가?"

"천태 국청사에서 왔습니다."

"듣건대 천태산에는 푸른 물이 있고 푸른 파도가 있다는데,

멀리서 와주어 고맙네. 그런데 그대의 뜻은 어떠한가?"

"저는 오랫동안 바위 굴 속에 살면서,

우거진 다래나 넝쿨도 걸치지 않았습니다."

"그 말은 봄소식이네. 어떤 것이 가을 소식인가?"

이 말에 불일이 대답을 못하니 선생이 말했다.

"그대를 보니, 겨우 나룻배나 끄는 사람일 뿐,

파도를 희롱하며 수영하는 사람은 못 되겠다."

통찰

    나룻배를 끌고 간다면 편하기야 할 것이다. 배 위에 자신의 육신을 얹기만 하면 되니까 말이다. 그런데 그런 나룻배는 누구나 끌 수 있는 것이 아닌가? 만약 나룻배를 끌다가 집채만 한 파도가 나룻배를 덮친다면 과연 그대는 어떻게 살아남을 수 있는가? 그동안 편안히 배 위에 몸만 싣고 있어서 파도를 만나 본 적도 없으니 걱정이네. 파도가 자신을 집어삼킬 때 그 속으로 뛰어들어 파도를 자신의 침대마냥 누울 수 없으니 그대는 고요한 날만을 골라 평생 나룻배만 끌어야 할 것일세. 파도를 희롱하며 놀기 위해서는 파도 속으로 자신을 던져 파도가 되어야 할 걸세.

논리의 대답

협산의 첫 번째 질문은 "어디서 왔는가?"이다. 여기서 '어디'는 공간적 지명으로서의 어디가 아니다. 하지만 불일은 특정 장소, 즉 자신이 머물렀던 곳을 말하고 있다. 그렇다면 협산은 불일을 진리를 논할 만한 사람으로 보지 않았을 것이다. 협산의 두 번째 질문과 불일의 두 번째 답변이 그것을 분명하게 말해준다. "듣건대 천태산에는 푸른 물이 있고 푸른 파도가 있다는데"라는 대목에서 중요한 것은 '천태산'과 '푸른 파도'의 관계이다. 상식적으로 산에서는 파도가 존재할 수 없다. 그렇다면 이것은 천태산이라는 특정 공간의 속성을 지칭한 것이 아니라 그곳의 다른 특징을 말하는 것이다. 하지만 불일은 그것을 알아듣지 못한 채 '산'이라는 공간적 특성에 집착한 나머지 어리석게도 두 번째 질문에 "저는 오랫동안 바위 굴 속에 살면서, 우거진 다래나 넝쿨도 걸치지 않았습니다."라고 답하고 있다. 불일은 '푸른 물을 벗고 푸른 파도와 날았습니다.'라고 했어야 옳다. 그렇다면, 협산의 세 번째 질문도 달라졌을 것이다.

그렇다면 왜 협산은 불일이 온 천태산에 '파도'가 있다고 말을 했으며, 그곳으로부터 온 것이 고마운 것인가? 분명, 고맙다는 말 속에는 그곳과 이곳을 비교해 그곳이 나은 곳이라는 전제가 깔려 있다. 따라서 파도가 있는 천태산은 아주 강한 깨달음이 있는 곳이거나 그런 깨달음을 주는 스승이 있는 곳이라고 볼 수 있다. 만약 그곳에서 불일이 제대로 수양을 했고 깨달음의 고행을 거쳤다면 불일은 단단한 수행자임이 틀림없을 것이다. 그래서 보잘 것 없는 자신에게 배움을 청하기 위해 먼 곳까지 온 것에 대해 협산은 감사함을 표하고 있는 것이다. 하지만 불일이 그곳에서 얻은 것이 무엇인지 혹은 깨달음의 정도가 얼마나 되는지 시험하는 질문이 바로 이어진다. "그런데 그대의 뜻은 어떠한가?"라는 질문에서 '그런데'라는 부사를 사용한 것은 천태산의 지적 높이와 불일의 수행의 정도를 비교하고자 하는 협산의 의도가 숨어 있는 것이다.

두 번째 불일의 답변은 첫 번째 답변과 마찬가지로 협산의 기대를 깨버렸다. 불일은 그 거대한 천태산에서 파도를 타니는커녕 골짜기 물도 한 모금 마시지 못한 수행자에 지나지 않기 때문이다. "저는 오랫동안 바위 굴 속에 살면서, 우거진 다래나 넝쿨도 걸치지 않았습니다."라는 불일의 이 답변은 협산이 원하던 답변이 아니다. 왜냐하면, 앞에서 말했듯이, 천태산에는 파도와 물이 있다. 그렇다면 그것과 연관된, 즉 파도와 물을 이용해 자신의 수행 정도를 말했어야 했다. 하지만 그의 답변은 '천태산'을 '산'이라는 범주로만 설정한 나머지 '바위 굴'과 '다래나 넝쿨'이라는 것을 사용하는 오류를 범한 것이다. 그래서 협산은 "그 말은 봄소식이네. 어떤 것이 가을 소식인가?"라고 질책하듯 다시 질문을 하게 된다. 이제 협산이 원하는 답변은 확실해졌다. 그것은 '가을 소식'이다. 그렇다면 '봄 소식'과 '가을 소식'은 무엇을 말하는 것이며 어떤 차이가 있는 걸까? 그것은 '시간'의 범주로 쉽게 파악할 수 있다. 봄은 사계절 중 가장 처음이며 가을은 세 번째에 속한다. 그렇다면 불일의 답변에서 '우거진 다래나 넝쿨도 걸치지 않았다'라는 것은 수행의 가장 기본적이며 초보적인 단계의 과정을 말할 뿐 성숙한 깨달음, 즉 자신만의 것으로서의 뜻을 갖지 못한 단계이다. 그래서 그동안의 수행 과정에서 깨달은 결과물을 내놓아보라는 의미를 질문한 것인데, 불일은 그것을 이해하지 못하고 자신은 '이제 깨달음을 시작하려고 합니다.'라고 답변하는 꼴이다. 불일은 아직 봄이라서 가을의 모습을 본 적도 없으며 그래서 가을을 말하기는 어려운 것이리라.

협산은 불일이 아주 단순한 '봄 소식'과 '가을 소식'조차 구분하지 못하자 그것에 대한 실망과 질책이 합쳐져 불일을 내려친다. "그대를 보니, 겨우 나룻배나 끄는 사람일 뿐, 파도를 희롱하며 수영하는 사람은 못 되겠다." 마지막 이 말을 통해 협산이 왜 천태산을 '푸른 물과 푸른 파도'가 있는 곳으로 묘사했는지 알게 된다. 푸른 물, 즉 고행 없는 수행과 푸른 파도, 즉 엄청난 고행의 과정으로서의 수행 모두가 있는 곳으로 본 것이다. 그런데 그곳에서 온 불일은 이 가운데 푸른 물에서 노닐다 온, 깨닫기 위해 치열하게 싸우지 않는 사람이었던 것이다. 그래서 협산은 불일을 푸른 물에서 한가하게 나룻배나 끄는 사람으로 여긴 것이며, 결코 거친 파도를 유영하며 놀 수 있는 수행자는 될 수 없다고 판단한 것이다.

파도를 피하지 마라. 어디든 파도는 있으며 그것을 피해 다니다가는 불일보다도 못한 사람, 나룻배조차 끌지 못하고 나룻배만 쳐다보는 사람이 될 테니까 말이다.

되묻기

혜암이 어느 날 만공 선생을 모시고 법당에 서 있었다.

불상을 쳐다보며 만공 선생이 말했다.

"부처의 젖통이 저렇게 크시니 중생들 양식 걱정은 없겠다."

혜암이 물었다.

"무슨 복으로 부처님 젖을 먹을 수 있겠습니까?"

"무슨 소린고!"

"복업을 짓지 않고 어떻게 부처님의 젖을 먹을 수 있겠습니까?"

그러자 만공선생이 말했다.

"저 사람은 부처를 건드리기만 하고 젖은 먹지 못하는구나."

답해보라

떠오르는 것

파리가 창을 뚫다

빛을 사랑하여 창호지만 뚫으려 하나
뚫을 수가 없으니 얼마나 괴로우랴.
홀연히 들어오던 길을 마주 하니.
비로소 평생 어두운 시선에 속았음을 알았네.

백운수단 선사

천재와 바보

곽박의『주산해경서』를 보면 이상한 글이 나온다. "세상의 이른바 이상하다는 것도 그것을 이상하다고 단언할 수 없고, 세상의 이른바 이상하지 않다는 것도 이상하지 않다고 단언할 수 없다. 왜냐하면 사물은 그 자체가 이상한 것이 아니고 나의 생각을 거쳐서야 이상해지는 것이기에, 이상함은 결국 나에게 있는 것이지 사물이 이상한 것이 아니기 때문이다." 결국, 이상한 것은 이상한 것이기도 하고 이상한 것이 아니기도 한 것이다. 그것을 결정하는 것은 오직 자신의 생각뿐이다. 그런데 사람들은 그렇게 생각하지 않는다. 자신의 생각을 기준으로 타인의 생각 혹은 '이상함'까지 판단한다. 그렇게 모인 개인들의 생각이 보편적일 수 없는 '이상함'의 기준이 되어 사람들은 '정상인'과 '비정상인'으로 구분한다. 그 결과, 자신들이 정상이라고 생각하는 사람들은 '천재와 바보'의 삶을 비정상적이며 불행한 것으로 치부해버린다.

하지만, 어디 그런가? 천재와 바보는 결코 비정상적이거나 불행하지 않다. 오히려 그들은 가장 정상적이며 행복한 사람들이다. 천재는 광기로 인해 세상의 굴레에서 벗어날 수 있다. 천재의 광기는 어느 하나에 미친 나머지 세상의 어떤 것도 볼 수 없게 만든다. 동시에 자기만의 세계를 만들어 그 속에서 독립적으로 살아가도록 만들어준다. 하지만 세상의 많은 것들은 '우리'를 옭아맬 뿐이다. 정해진 것들, 보통 사람들이 만들어놓은 '정상'에 대한 통념적 기준이 그것과 다른 것들에 대해 폭력을 행사한다. 광기는 정상이 가하는 폭력에 대한 무의식적 저항이다. 갖추어야 할 것들에 대한 의무와 고정된 시선을 벗어던진, 발가벗은 그대로의 순수함에 대한 집중과 사랑은 광기에서만 잉태될 수 있다. 광기는 자신에게 행복을 선물한다. 하지만 보통 사람들의 눈에는 그 광기, 즉 정상으로부터 벗어난 것들에 대한 '사랑'이 우울과 불행을 만드는 '이상함'의 뿌리로 보일 따름이다. 그로 인해 천재와 바보들은 '소외'의 시간을 얻게 되었고, 그것은 그들을 자유와 자신들만의 쾌락 속으로 빠져들게 만들어 주었다.

천재와 보통 사람들에게 흐르는 시간은 다르다. 천재에게 현재는 보통 사람들의 미래이다. 천재에게만 빠르게 다가오는 시간은 보통 사람들로부터 그를 멀리 떼어놓는다. 천재들의 시선은 몇 마일 밖을 내다볼 수 있으며, 그들의 걸음은 마치 축지법을 쓰는 도인들처럼 빠르며, 그들의 호흡은 태풍처럼 거세다. 하지만 보통 사람들은 천재의 그런 시간을 느끼지 못하며 오로지 자신들의 시간과 동일하다고 인식할 뿐이다. 그래서 천재들은 '섬'에서 살 수밖에 없다. 정상인들은 건널 수 없는, 강물로 둘러싸인 그곳에서 '꿈'처럼 살아간다. 이 '환상의 섬'은 그들이 독립적으로 만들지 않았다. 보통 사람들의 낯선 시선과 천재들의 욕망적 고뇌가 손을 잡은 것이다. 이곳은 환상적인 곳, 아직 존재하지 않는 것에 대한 그림자가 존재하는 곳이다. 원우령이 『서유기제사』에서 "글은 환상적인 것이 아니면 글이 아니고 환상적인 것은 극도에 이르지 않으면 환상적인 것이 아니다. 이로써 천하의 극히 환상적인 일이 바로 극히 참된 일임을, 극히 환상적인 이치가 극히 참된 이치임을 알 수 있다. 그러므로 참된 것을 말하는 것은 환상적인 것을 말함만 못하고 부처를 말하는 것은 마귀를 말함만 못하다."라고 말했다. 이것은 천재가 가질 수밖에 없는 영혼을 말함이요, 대륙이 아닌 섬에서만 가능한 현상이며, 따라서 그 섬은 자유와 참됨이 아름답게 피어있는 곳이다.

'바보' 역시 천재처럼 섬에서 산다. 그 곳은 '망각의 섬'이다. 보통 사람들이 반드시, 그리고 생명처럼 지녀야할 지혜와 자존심, 그리고 모든 것을 사랑해야 한다는 욕망을 바보들은 잊고 산다. 그곳에는 타인의 시선이 만든 불온한 것들이 존재하지 않는다. 오직, 순수한 것들만이 존재하는 곳이다.

그리스어 '모리아(moria)'는 '바보'라는 뜻이며 동시에 신의 이름이기도 하다. 그런데 이것의 또 다른 의미는 '행복을 나누어주는 신'이다. 이들은 자신의 '절대적 행복'에만 머무르지 않고, 보통 사람들에게까지 잃어버린 웃음을 찾아준다. 정상인들은 바보들의 '이상한 행동과 표정'이 주는 낯섦에 당황하기도 하지만, 이내 그들은 자신도 모르게 입가에서 웃음이 튀어나오는 행복감을 맛보게 된다. 비정상적인 행동에 대한 정상인들의 우월감이 웃음을 만든 것이다.

간혹 보통 사람들은 바보들의 행동을 보며 웃음보다 연민의 감정을 갖기도 한다. 하지만 이런 웃음과 연민의 감정은 자기 기만일 뿐이다. 자신들이 정한 '이상함'의 기준에 대한 견고한 믿음이 거짓된 감정을 만들어낸 것이다. 이것은 감정적 착각이다. 하지만 타인들이 정해놓은 욕망 속으로 들어가기 위해 끝없이 투쟁하는 정상인들은 어떤 사실에도 두려워하지 않고 거침없이 말을 내뱉는, 자신들을 코앞에서 바라보는 어떤 시선에도 흔들리지 않는 그들을 부러워하고 만다. 이상함 뒤에 숨은 진정한 자유에 대한 발견이 정상인들을 부끄럽게 만들기 때문이다. 하지만 보통 사람들은 영원히 이상함, '망각의 섬'으로 들어갈 용기를 내지 못한다.

만약, 젊음이 행복이고 늙음이 슬픔이라면, 바보는 '디오니소스'처럼 영원히 젊음을 간직한 행복한 사람임이 분명하다. '디오니소스'는 늘 포도주에 취해 사리분별이 없고, 판단을 하려고 하지 않으며, 노래와 춤 그리고 축제에 휩싸여 긴 시간을 보낸다. 그리고 그는 지혜를 좇지 않으며 오로지 어린아이와 같은 장난과 농담만 즐길 뿐이다. - 하지만 여기서 '농담'은 술에 녹아든, 보통 사람들은 감히 내뱉지 못하는 칼날 같은 '진실'이다. 알카비아데스의 속담에 "진실은 포도주와 어린 아이의 입 속에 들어 있다."라는 말이 그것을 증명한다. - 이것이 그를 영원히 늙지 않게 만든다.

늙음이란 '철'이 드는 것으로, 세상이 정한 질서와 관습이 자신과 하나 된 듯 살아가야만 하는 것을 말한다. 하지만 그것을 망각한 바보, 그들이 '디오니소스'가 아니고 무엇이겠는가? 이렇게 세상에 무감각하거나 무지한 바보가 행복한 사람이라면 지혜로움에 구속되어 독배를 마셔야 했던 소크라테스는 불행한 사람일 것이다. '학자'라는 단어의 어원은 '악마'다. 보통 사람들이 지혜로움을 좇고, 이상함에서 멀어지려고 하는 것은 오히려 '악마'의 손을 잡는 것과 다르지 않다.

우리는 한 번도 정상으로 살아 본 적이 없다. 미쳐 살아가면서도 타인의 눈이 무서워 더 미쳐서 살아갈 뿐이나. 모든 사람들의 눈에는 독이 살아 움직이고, 그 독은 타자를 정면으로 바라보고 있다. 이런 시선을 피할 수 있는 사람은 아무도 없다. 우리가 할 수 있는 건, 오직 독을 품고 미친 듯이 대응하는 것밖에. 그래서 모두가 미친 것이다. 모두가 자신들을 정상이라고 말하지만 그 누구도 정상이 아니다. 오직 천재와 바보만이 정상이다. 자신의 의지와 생각대로, 타인의 시선을 외면한 채 자신만의 삶을 살아가는 것. 그것만이 정상이다. 우리는 비겁한 미치광이일 뿐이다. 자신의 영혼을 타인의 독기 가득한 시선에 팔아넘겼으니 말이다.

아! 사람들 사이에 섬이 있다. 인간들이 외면한 '환상과 망각의 섬', 천재와 바보가 사는 행복한 그 섬, 그 섬에 가고 싶다.

모르는 것을 모른다고
말하는 것이 진짜 앎의 시작이다

모르는 것을 모른다고 말하는 것이
진짜 앎의 시작이다

동산 선생이 설봉에게 물었다.

"그대는 어디로 가려는가?"

"영(嶺)으로 들어가렵니다."

"그대는 비원령을 거쳐서 가지 않는가?"

"그렇습니다."

"올 때는 어떻게 오는가?"

"역시 그리로 넘어옵니다."

"누군가가 비원령을 거치지 않고

그곳에 가는 이가 있다면 어찌하겠는가?"

"그 사람은 가고 옴이 없는 사람입니다."

"그대는 그런 사람을 알고 있는가?"

"모릅니다."

"알지 못한다면 어찌 가고 옴이 없는 사람인 줄은 아느냐?"

설봉이 우물쭈물하니 선생이 대신 말했다.

"모르기 때문이다."

통찰

"모르는 것을 모른다 하고, 아는 것을 안다고 할 때 그것이 진정아는 것이다."라고 공자는 말하지 않았던가. '모르는 것을 모른다'고 말할 수 있기 위해서는 내가 무엇을 모르고 있는지를 '알아야' 한다. 그렇다면 나는 내가 모르는 것을 알고 있는 것이며 나머지 내가 아는 것도 알고 있으니 모르는 것이 없는 셈이 된다. 설봉은 자신이 무엇을 모르는지 모르고 있구나. 모르는 것을 모른다고 말할 수 있는 자가 과연 몇이나 되겠는가? 우리는 모르는 것을 아는 것처럼 살아가고 또한 모르는 것을 모른다고 말할 수 없으니 정말 아무것도 모르고 살고 있는 것이리라.

논리의 대답

동산은 참 친절하다. 차근차근 전제를 제시해주며 그것을 토대로 논리적 길 위에서 스스로 깨우쳐 가도록 인도하고 있다. 두 사람의 앞부분의 대화는 결론에 이르기 위한 전제 역할을 충분히 하고 있다. "그대는 어디로 가려는가? 역시 그리로 넘어옵니까?"까지는 일상적인 대화로 볼 수 있다. 하지만 이 속에는 길을 떠나는 설봉에게 '오고 감'이라는 단순한 행위 속에 깨달음의 진리가 들어있음을 동산은 넌지시 말해주고 있는 것이다. 그렇다면 이 짧은 대화 속에서 무엇을 찾아야 할까? 어떻게 보면 아주 단순한 것일지도 모른다. '오고 감'의 방향은 다르지만 그 '길'은 동일한 것으로서 둘이 아닌 하나뿐이라는 것과 그 가운데 '영(고개)'이 있다는 사실이다. 그렇다면 이것이 동산이 전하고자 하는 진리에 어떻게 전제 역할을 하는지 확인해보자.

"누군가가 비원령을 거치지 않고 그곳에 가는 이가 있다면 어찌하겠느냐?"라는 동산의 질문에서는 '비원령'과 '그곳'이라는 단어가 깨우침을 얻기 위한 핵심어이다. 얼핏 보면 전혀 상관없어 보이는 두 단어가 결국 동일한 범주의 역할을 하고 있기 때문이다. '비원령'이라는 고개가 결국 '이곳'과 '저곳'을 나누는 경계이고 그것으로 인해 나뉜 것 중 하나가 '저곳'이다. 다시 말해 '저곳'은 이미 '비원령'이라는 경계가 없다고 할지라도 무언가에 의해 나뉜 것임을 내포하고 있는 단어이다. 그렇다면 동산이 말한 "비원령을 거치지 않고"는 경계 짓는 것을 초월하는 행위라고 말할 수 있다. 따라서 '비원령'이 사라지면, '저곳'이라는 단어의 존재 근거도 사라지게 된다. 즉 '저곳'은 경계 없음에 의해 '이곳'과 분리되지 않으므로 결국 '이곳'과 다르지 않음이 되고 만다. '이곳'이 곧 '저곳'이요 '저곳'이 '이곳'이며 '이곳'은 '이곳'이 아니며 '저곳'은 '저곳'이 아니다.

　　동산이 의미하는 것들을 설봉은 꽤 잘 따라오고 있다. "그 사람은 가고 옴이 없는 사람입니다."라는 답변 속에 '가고 옴이 없음'이라는 경계의 초월에 관해 이해했음을 엿볼 수 있기 때문이다. 설봉이 여기까지 따라온 것도 기특하다. 하지만 이것은 설봉이 가지고 있는 지식에 의해 '밖'의 현상을 이해한 것에 지나지 않는다. 다시 말해 '이해했다'는 것은 곧 타자를 안 것으로서 나의 '밖'에 떨어져나가 앉아 있는 현상이나 실체에 관한 표면적 만남에 불과하다. 아직 '앎'이 곧 '나'가 되지 못한 것이다. 이제 동산은 '기고 옴 없음'이 설봉에게도 있는지 확인하고자 한다. 그래서 동산은 "그대는 그런 사람을 알고 있는가?"라고 묻는다. 그런데 설봉은 '모른다'라고 답을 한다. 그렇다면 설봉 자신이 '알고 있는 것'이 '모른 것'이 된다. 그런데 더 당황스러운 것은 이것이 바로 '아는 것'이라는 동산의 답변이다. 역설적이다. 하지만 동산의 마지막 질문과 답변을 곱씹어 보면 역설은 눈 녹듯 사라진다.

"알지 못한다면 어찌 가고 옴이 없는 사람인 줄은 아느냐? 모르기 때문이다." 그렇다면 다시 처음으로 돌아가 보자. '비원령'을 넘지 않는 사람은 어떻게 '가고 옴'이 없는 것일까? '비원령'이라는 '경계'를 모르기 때문이다. 따라서 '이곳'과 '저곳'을 구분 짓는 경계가 생기지 않는 것이다. 다시 말해 경계를 안다는 것은 이곳이나 저곳을 안다는 것과 통한다. 우리가 '꽃'에 대해 '안다'는 것은 이미 '꽃'과 '꽃' 이외의 경계를 짓고 있는 것이다. 왜냐하면 '꽃'이라는 것은 다른 것과의 '차이'로 인해 그것의 이름이나 존재성을 드러낼 수 있기 때문이다. 비원령을 넘지 않고 가는 사람이 있듯이 설봉도 비원령을 넘지 않기 위해서는 '오고 감'이라는 사람, 즉 경계를 몰라야 '오고 감이 없는' 사람이 되는 것이다.

되묻기

동산은 다음과 같은 이야기를 들었다.

한 선생이 발우를 들고 항상 다니는 신도 집에 갔더니

그 신도가 물었다.

"선생님, 무엇을 원하십니까?"

"아무거나 가리지 않네."

신도가 풀을 한줌 가져다 발우에 채워 주면서 말했다.

"이 뜻을 알면 공양을 바치겠지만,

이 뜻을 알지 못하면 그냥 가십시오."

선생은 아무 대답을 못했다는 것이었다.

동산은 이 일을 두고 말했다.

"그것은 가리는 것이니 '안 가리는 것을 주시오' 해야 옳았다."

답해보라

떠오르는 것

다시는 의심 없는 경지에 오면

무엇에다 견주고 비기겠는가

움직임 그치려야 움직임 없고

그침을 움직이려야 그침이 없네

움직임과 그침이 모두 없거니

어찌 하나인들 있겠는가

삼조승찬 - 중국 선사

아름다움과 추함

빅토르 위고의 『웃는 남자』에서 묘사된 한 여인을 보자. - 여 공작이었다. 그런데 그녀를 다시 보다니! 다시 본 그녀는 무시 무시했다. 벗은 여인, 그것은 곧 무장한 여인이다.… 그녀의 몸 에서 발산되는 음탕함은 광휘로움에 녹아들고 있다. - 순수하 지만 추하게 생긴 그윈플레인의 시선이 나신으로 누워있는 여 인을 마주하는 순간에 느낀 모순적 감정이다. 벗겨진 여인의 육 체, 가식을 벗은 순수한 아름다움이 오히려 그에게는 공포로 다가오고 있다. 그녀의 몸이 발산하고 있는 유희적 끌림의 본능 과 거부의 도덕적 이성이 서로 뒤섞이면서 아름다움을 '무장'이 라는 중의적 단어로 사용할 수밖에 없었던 것이다. 모순적이게 도 그녀의 나신이 아름답지 않았다면 그것은 하나의 살덩이에 불과한 것으로서 공포를 유발하지는 못했을 것이다, 즉, 극도의 아름다움 속에는 찬미가 아닌 소름끼치는 공포와 두려움의 악 령이 살고 있는 것이다.

천사는 무엇도 유혹할 수 없다. 하지만 악마는 어떤 것도 자신의 유혹으로부터 벗어나지 못하게 만든다. 그렇다면, 악마의 유혹은 어디서 오는가? 그것은 아름다움이다. 이성이 아닌 본능에 이끌리는 아름다움이다. 천사의 반의어는 악마가 될 수 없다. 천사의 가슴에 피어 있는 아름다움과 악마의 피 속에 흐르는 아름다움은 다르기 때문이다. 따라서 인간은 천사이면서 동시에 악마일 수 있다. 천사의 아름다움에서 내려다보는 악마의 아름다움은 추함이다. 악마의 아름다움은 이성 혹은 도덕적 아름다움에서 벗어난 것이기 때문이다. 하지만 인간 본능의 시선에서 그것은, 어떤 것과 비교할 수 없는 감각적 아름다움의 절정이다. 인간은 이성과 감각, 도덕과 본능 속에서 고뇌하는 동물이다. 따라서 감각적으로 아름다운 것 속에 언제나 '추'가 동반되는 것은 인간이 천사이기도 하다는 방증이다.

공자와 자하와의 대화 속에서도 아름다움과 추의 관념을 찾아 볼 수 있다. 자하가 물었다. "살짝 파인 볼우물 예쁘구나, 뚜렷한 눈동자가 아름답구나, 깨끗한 바탕에다 그리었네! 이것은 무엇을 말한 것입니까?"라고 자하가 묻자, 공자가 대답했다. "그림 그리는 일은 비단을 마련한 다음에 한다." 그러자 자하가 말했다. "예법은 그 다음이란 말씀이십니까?" 공자가 대답했다. "나를 계발시켜주는 상이로구나. 비로소 너와 시를 논할 수 있게 되었구나(繪事後素)." 이 대화는 그림을 그리는 방법론에 관해 언급한 것 같지만 그 속에는 아름다움과 추에 관한 공자의 관점이 숨어 있다. 여인의 아름다움을 묘사하면서 '깨끗한 바탕'에 그렸다는 점을 강조하고 있기 때문이다. 뒤집어 본다면, 깨끗한 비단 위에 그리지 않았다면 아름다울 수 없거나 혹은 아름답지 않다는 의미가 들어있는 것이다. 그렇다면 아름다운 여인을 추하게 만드는 것은 결국 '깨끗한 바탕'의 부재이며 결코 여인 '그 자체'에 존재하는 것은 아니다. 결국, 이 둘의 대화에서도 '깨끗한 바탕'이라는 것이 '천사의 가슴' 곧 도덕적 의무 혹은 이성의 눈이라는 것을 짐작할 수 있다. 이런 생각에 니체도 동의할 것이다. 그의 책, 『짜라투스트라는 이렇게 말했다』를 보면, "그녀는 변덕스럽고 제멋대로 군다. 나는 종종 그녀가 입술을 깨물며 머릿결을 반대로 빗더라도 그저 평범한 여자에 불과했다. 하지만 그녀가 스스로를 나쁘게 말하며 눈물을 흘릴 때, 나는 유혹당하지 않고는 버틸 수가 없다."라는 대목을 만날 수 있기 때문이다.

인간들은 '본능'의 노예가 되지 않기 위해 노력했다. 그래서 인간의 역사는 '본능'과 싸울 수 있는 '도덕'의 진화적 과정이라고 해도 과언이 아니다. 프로이드는 그런 인간의 역사를 적나라하게 드러내면서, 정신적 질병은 육체적 아름다움의 본능적(성적) 유혹에 대한 도덕적 저항이 빚어낸 왜곡된 자아라고 말했다. 특히 아름다움에 '치명적(致命的)'이라는 형용사가 붙는 순간 그것은 자신의 목숨을 노리는 독사의 혀와 같은 것이 된다.

그럴 때 우리는 독사의 혀를 제거해야 하는데 그것은 자신의 감정을 '도덕적 의무' 속으로 던져버림으로써 아름다움을 '추'로 변화시킬 때 가능하다. 이 과정은 인위적인 것으로서 고통이 수반된다. 즉 감각적 아름다움이 극에 달할 때 느껴지는 카타르시스와 의식적으로 '추'를 만들어내야 하는 이성 간의 전투를 경험하는 것이다.

그래서 '악마의 유혹'을 거부하지 않았던, 천사의 가슴을 도려냈던, 광기의 예술가들은 오히려 인간들이 '추'로 여기는 대상들로 시선을 돌렸다. 기괴함, 불균형, 혼돈, 낯설고 불편함 등에서 아름다움을 찾았던 것이다. 그들은 천사에게 본능적 아름다움에 대한 접근권을 더 이상 양보하지 않기로 한 것이다. 심지어 그들은 '추'에서 찾은 아름다움을 숭고함으로 올려놓고 천사와 대중들이 그것을 쳐다보지 못하게 만들었다. 더불어 천사에게 포로가 된 대중들은 '추' 속에 감춰진 '아름다움' 곧 '숭고함'을 볼 수 있는 본능적 감각이 마비된 채, 그것이 주는 식상함을 편안하다는 이유만으로 받아들이고 있을 뿐이다.

'추' 속에서 빛나고 있는 아름다움을 찾지 못한다면, 인간에게 남아있는 감각적 아름다움은 없을 것이다. 인간들이여, 그동안 감각적 아름다움을 '추'로 보았지만, 이제는 '추의 아름다움'에 빠져보라. '추'는 비대칭적인 그리고 낯선 성질 속에서만

드러나며, 기존의 시선이 머물지 않던 곳에만 존재한다. '추'는 새로운 감정과 황홀한 자유를 부른다. 하지만 정형화된 감각과 틀 속에서 자신의 색깔과 향기를 잃어버린 이성적 아름다움은 지루할 따름이다. 그것은 가슴이 뛰거나 피가 역류하는 격정의 파도를 일으키지 못한다. 하지만 '추'는 다르다. 끝없이 변화하면서 자신만의 색깔을 덧칠해간다.

악마는 천사와 달리 보통의 인간들을 닮지 않았다. 그래서 낯설다. 하지만 낯섦은 매혹적인 것이다. 쓴 맛의 커피와 초콜릿이 악마의 혀인 것처럼 말이다. 달콤함이 아닌 쓴 맛의 중독이 추함의 깊은 곳에서 태어나는 아름다움이리라. 악마의 유혹에 손을 내미는 것, 그것이 인간의 본능을 깨우는 것이며, 그것은 추 속의 아름다움'에 입을 맞추는 것이리라.

우리는 모두가 나그네일 뿐이다

던지기

우리는 모두가 나그네일 뿐이다.

동산 선생이 어떤 제자에게 물었다.

"그대 이름이 무엇인가?"

"아무개라고 합니다."

"무엇이 그대의 주인인가?"

"지금 선생님 앞에서 말하고 있는 사람입니다."

"요즘 학인들은 전부 이 모양이구나.

손님 가운데 주인도 모르니

어찌 주인 가운데 주인을 가려내겠는가!"

통찰

'나'를 안다는 것, 그것만큼 어려운 것도 없으리라. 나의 이름으로 '나'를 말할 수도 없고 나의 '외모'로도 '나'를 말할 수 없다. 그럼 무엇으로 '나'를 말해야 할까? 과연 말할 수 있기는 한 걸까? 만약, 말할 수 없다면 그것은 왜일까? '나'도 '나'를 모르기 때문이거나 안다고 할지라도 그것을 전달할 수단이 없기 때문일 것이다. 그렇다면 '나'는 존재하지 않는다고 말해도 되는 건 아닐까? '나'가 존재하지 않는다면, '무엇'이 존재할 수 있으며, '무엇'이 존재해야 하는가? 과연 '나'는 '존재' 그 자체인가 '존재'의 '근거'일 뿐인가?

논리의 대답

"그대 이름이 무엇인가?"라는 동산의 질문은 '그(제자)'를 알기 위함이 아니다. '이름'은 상대방의 본질과 상관없이 단지 타자와 소통하기 위한 기호에 지나지 않기 때문이다. 만물이 그 이름을 가지게 된 것도 역시 자신이 원한 것이 아니라 소통을 위한 타자 중심적 편의성의 결과물이다. 이름은 옥상을 오르고 나면 차버려야 하는 사다리의 운명과 다르지 않다. 동산의 이어지는 질문이 그것을 입증하기에 충분하다. "무엇이 그대의 주인인가?"라는 말은 결국 그대의 이름은 그대의 주인이 아니라 '손님'에 지나지 않는다는 의미이다. 앞에서도 언급한 것처럼 '이름'은 단순한 기호에 지나지 않기 때문에 결코 '나'의 본질, 즉 주인이 될 수 없는 것이다. 보통 우리가 사물의 이름을 명명할 때 그것들의 내적 속성을 포함하는 경우도 있지만 일반적으로는 외적 형상을 본떠서 만든 것이 대다수이다. 하지만 인간의 이름은 그 두 가지 경우의 어느 범주에도 속하지 못한다. 아이의 울음소리가 나기도 전에 아이와 어떤 연관성도 가지지 않는, 아이의 의지가 배제된 채 부모의 욕망만이 그대로 담기는 것이 이름이다.

그럼, "무엇인 그대의 주인인가?"라는 질문은 '이름'이 '손님'

에 지나지 않기 때문에 자신의 본질이 무엇인지 말해보라는 의미이다. 다시 말해, 동산은 제자의 껍질이 아닌 알맹이를 보고 싶어 하는 것이다. 그런데 안타깝게도 제자는 다시 '자신의 이름 즉 껍데기'만 말하고 있다. "지금 선생님 앞에서 말하고 있는 사람입니다."라는 말은 '말하고 있는 육체 덩어리'가 자신의 주인이라는 어리석은 답변이다. '이름'이라는 껍질이 싸고 있는 껍질, 즉 육체적 덩어리를 자신의 본질로 여기고 있다니. 이것은 동산이 말한 '이름', 혹은 육체가 단지 바람과 같은 '손님'에 지나지 않는다는 사실을 이해하지 못했음을 스스로 입증하는 것이다. 동산은 어리석은 제자가 답답할 뿐이다.

그렇다면, 제자는 선생이 마지막으로 내리치는 방망이를 자신이 왜 맞아야 하는지도 모를 것이다. "손님 가운데 주인도 모르니 어찌 주인 가운데 주인을 가려내겠는가!"라는 이 말은 의미심장하다. '손님 가운데 주인'은 자신이 가지고 있는 껍질들 속에서 자신의 알맹이를 찾는 아주 쉬운 일이라는 것을 의미한다. 이와 대비적으로 '주인 가운데 주인'은 수행을 하면서 만나게 되는 전체를 가로지르는 '도'와 같은 수많은 진리 속에서 진정으로 자신을 깨우고 자신을 지배하고 있는 제1원인으로서의 진리를 이르는 것이다. 따라서 이것은 쉽게 볼 수 있는 '나'의 본질조차 밝힐 수 없는 사람들이 '나'를 포함한 거대한 진리의 세계 속에서 제1원인으로서의 진리를 가려내는 것은 불가능한 일임을 지적한 것이다. 이것은 소크라테스의 그 유명한 말, '너 자신을 알라'의 다른 표현이라고 할 수 있다. 자신을 모른 채 타자 혹은 진리를 찾아 나선다면, 그것이 밑 빠진 독에 물을 붓는 것과 어찌 다르겠는가?

되묻기

창세라는 제자가 조산 선생을 찾았을 때였다.

"저는 외롭고 가난합니다. 스님께서 구제해 주십시오."

"창세야, 이리 가까이 오너라."

창세 스님이 가까이 다가오자 조산 선생이 말했다.

"천하의 명주를 서 되나 마시고도

아직 입술도 적시지 못했다는 건가?"

답해보라

떠오르는 것

몇 편의 시

내 가슴에는

정열의 가시가 박혀 있었다.

어느 날 내가 그것을 빼냈다.

이제 더 이상 내 가슴을 느낄 수 없다.

···.

내 노래가 다시 불평을 한다.

"날카로운 금 가시여,

나 그대를 느끼고 싶구나

내 가슴속에 박힌 그대를."

외로움과 고독

우리는 외로운 것일까, 아니면 고독한 것일까? 도대체 어느 쪽일까? 영어에서는 외로움과 고독을 함께 쓰는 것 같다. 하지만 두 단어 사이에는 현격한 차이가 존재한다. SOLITUDE는 '어딘가로부터 고립'된 상태와 감정을 의미한다. 여기서 '어디'는 타인이나 집단이다. 하지만 LONELINESS는 '혼자 서 있다'라는 의미로서, '~로부터'라는 것 이전의 독립적인 주체로서의 존재 방식이다. 따라서 둘의 차이는 전자가 의존적이며 파생적인 것이라면 후자는 주체적이며 본질적인 것이라는 점이다. 따라서 '외로움'은 만들어지는 것이며, '고독'은 주어지는 것이다.

외로움은 계절처럼 찾아왔다가 사라지는 것을 반복한다. 하지만 고독은 찾아오지도 사라지지도 않으며 늘 우리와 함께 한다. 우리는 외로움을 쉽게 자각하고 느낀다. 그것에 대한 반응 또한 즉각적이다. 우리는 외로움이 숨을 당장이라도 거두어갈 것처럼 몸부림치며 호들갑을 떤다. 그럴 때도 고독은 침묵한다. 고독은 '나'를 '무(無)'의 세계로 연결하고, '무'는 우물처럼 '나'

를 깊게 파들어 온다. 고독은 언어와 시간 그리고 공간이 부재하는 무의식 속으로 '나'를 밀어 넣어 외로움의 파도로부터 구원한다.

　보통, 외로움은 욕망의 관계 단절에서 온다. 욕망하는 것으로부터의 거리가 좁혀지지 않거나 거리가 멀어질 때 외로움의 감정은 싹트기 시작한다. 이런 감정들과 현상이 감각되고 고통스러움으로 느껴지면서 외로움은 소외의식으로 변하게 된다. 단순히 관계의 단절이 아닌 '버려짐'이라는 절망감과 폐쇄의식으로 변한 외로움, 즉 소외의식은 타인에게 향했던 욕망들을 자신의 결핍이나 콤플렉스적인 자괴감 쪽으로 거두어들이면서 심화된다. 그렇게 심화된 외로움, 소외의식은 본래적 자아를 만날 수 있는 최초의 다리가 된다. '나는 누구인가?'라는 물음으로, 잠자고 있는 그래서 비헌시적인, 어쩌면 영원히 만날수 없는 '고독'에게 말을 거는 것이다. 그래서 만약, 고독의 대답을 듣게 된다면, 외로움과 소외의식은 '나'의 밖으로 사라져 버릴 것이다. 하지만 고독은 쉽게 그의 모습을 보여주거나 입을 열지 않는다. 그것은 외로움과 소외의식이 충분히 삭지 않았기 때문이다. 어설픈 외로움과 삭지 않은 소외의식은 단순한 관계의 단절, 연인들이 이별의 순간에 만나게 되는 신기루와 같은 감정이다.

카프카의『변신』에서 외로움으로 죽어간 주인공 그레고르를 만날 수 있다. 가족의 생계를 위해 정신없이 일만 하던 그레고르는 어느 날 벌레로 변하게 되고, 그런 자신을 가족들은 외면한다. 그의 외로움이 시작된 것이다. 특히, 그는 가족과의 전혀 다른 자신의 모습에서 삶의 희망을 갖지 못한다. 거기서 소외의식이 시작되고 결국 죽음에까지 이르게 된다. 여기서 중요한 것은 그레고르 역시 '고독'에 이르지 못했다는 점이다. 타인에게서 존재의 근거를 찾지 않아도 스스로 존재할 수 있는, 주체로서의 '나'를 만나지 못한 것이다. '벌레'로서의 삶, 가족들과의 다름을 자연스럽게 받아들였다면, 누구나 서로 다를 수밖에 없으며, 그것은 관계로서 결코 해결될 수 없는, 해결될 필요도 없다는 사실을 발견했다면, 그는 '자살'하지 않았을 것이다. 죽음 이전, '고독'과의 만남이 그에게 필요했던 것이다.

현대인들도 그레고르처럼, '존재'하는 것이 아니라 '소속'되어 있을 뿐이다. 타인과의 관계적 규율 속에 '소속 되는 것'은 '나'로서 '존재'하는 것에 앞선다. 다시 말해 실존주의 철학자들이 외쳤던, '실존이 본질에 앞선다.'라는 말을 현대인들의 외로움의 형태로 경험하고 있는 것이다. 타인의 욕망이나 시선의 대상으로서의 '나'는 존재할 수 있어도, 나에 대한 '나'로서는 존재하지 못하는 것이 '소속된 현대인'의 실존이다. 이렇게 외로움은 타인에게서 시작되고, 그것은 나에게서 잠시 머물다가 다시 타인에게 돌아간다. 따라서 진짜 나의 것은, '고독' 뿐이다. '소속의 불안'에서 벗어나 '외로움'을 타인에게 되돌려줄 때 나는 '나'를 볼 수 있게 되고, '나'의 심연에서 기둥을 이루고 있는 고독을 만나게 된다. 본질이 실존 앞에 서는 순간이다. 하지만 현대인들이 나를 지키는 강한 힘으로서의 '고독'을 만나지 못할 뿐만 아닐 외로움의 늪에서도 탈출하지 못하는 것은 그레고르처럼 '다름'을 보지 못하기 때문이며, '소속 되는 것'이 주는 안락함에 자신의 삶을 깊게 뿌리내리고 있기 때문이다. 결국 현대인은 누구나 홀로 존재해야 하는 '고독한 존재'임을 외면한 채 약한 벌레로 죽어간 그레고르인 것이다.

현대인들은 '고독'으로 존재하지 못하고, '외로움'을 불안 속에서 실재할 뿐이다. 누군가를 향해 자신의 이야기를 쏟아내야 하고, 나보다 타인을 이해하려고 발버둥 쳐야 한다. 공간이 사라지면서 현대인들은 다양한 방향으로 접속되어 있고, 동시에 수많은 곳에 소속되어 버렸다. 하지만 이 접속은 거미줄보다 가늘고 약하다. 그래서 우리는 대답 없는 타인들을 향해 늘 목청껏 외쳐야 한다. 그 거미줄이 언제 끊어질지도 모른다는 불안속에서. 카슨 매컬러스의 『마음은 외로운 사냥꾼』에서 흑인 의사가 벙어리인 싱어에게 "우리는 목소리를 높일 수가 없다. 우리의 혀는 입 안에서 썩어버려 쓸모가 없다."라고 외치면서 타인과 소통하지 못하는 외로움을 호소한 것처럼 말이다. 현대인들은 모든 것을 잃었다. 그것도 완벽하게. 유일하게 자신이 가질 수 있는, 누구도 빼앗을 수 없는 '고독'마저 잃어버렸기 때문이다.

내가 본 것들이

나의 눈을 멀게 한다

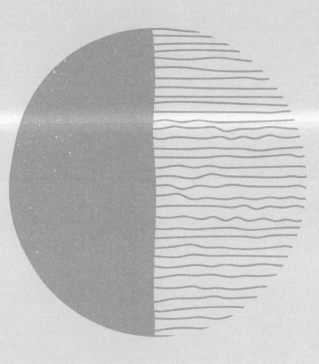

던지기

내가 본 것들이 나의 눈을 멀게 한다.

어느 날 스승이 없는 사이에 손님이 찾아왔다.

손님은 선생을 시봉하는 동자에게 물었다.

"스승께선 주로 어떤 법을 가르치는가?"

그러자 동자는 아무 말 없이 손가락을 하나를 세워 보였다.

나중에 선생이 돌아오자 동자는 손님이 왔다 갔다고

이야기했다. 선생이 물었다.

"그래, 무슨 말씀이 없으시더냐?"

"예, 스승님께서 주로 어떤 법을 가르치느냐고 물었습니다."

"그래, 뭐라고 대답했느냐?"

동자는 어른 손가락 하나를 세워 보이며 말했다.

"이렇게 했지요."

그러자 선생은 주머니에서 칼을 꺼내더니 동자의 손가락을

싹둑 잘라버렸다. 동자는 잘린 손가락을 움켜쥐고 엉엉

울면서 밖으로 뛰쳐나갔다. 그때 갑자기 선생이 동자를

불렀다. 동자가 고개를 돌려 돌아보자

선생은 손가락 하나를 세워 보였다.

통찰

동자여, 손가락을 잘릴 만하구나! 너의 손가락은 도대체 어디에 쓰는 것이냐? 너의 손가락은 단지 물건을 움켜쥐거나 밥숟가락을 움직이는데 쓰였는데 오늘은 어딘가를 가리켰구나. 그것이 무서운 것이다. 그곳이 어딘지도 모른 채 함부로 방향을 가리켰으니 손가락 끝에 벼랑이 있다는 것을 사람들이 어찌 알겠느냐? 그러니 그 손가락을 자르는 것이 사람들과 너를 구하는 길이다. 이제 나머지 손가락도 조심하여라. 손가락을 펴지말고 감추고 사는 것이 손가락을 올바로 세우는 것이다.

논리의 대답

손님과 동자의 대화를 보자. 손님은 동자의 스승이 '어떤 법'을 가르치느냐고 묻고 있다. 여기서 손님의 질문은 '어떤 법' 즉 내용적인 측면에 초점을 두고 있다. 그런데 손님은 동자에게서 뜻밖의 답을 얻는다. 그것은 세워진 '손가락'이다. 그렇다면 동자의 스승이 가르치는 '법'은 '손가락'이 된다. 그렇다면 이 답은 과연 옳은 것인가? 스승이 동자의 세워진 손가락을 잘라버렸다는 것은 그 답이 옳지 않은 것이라는 것을 말해주기에 충분하다. 그렇다면 여기서 중요한 것은 그 답이 틀린 이유이다. 표면적으로 본다면, 스승이 가르친 '법'은 '손가락'이 아닌 것이다. 그런데 동자는 거짓말을 한 것이 아니라는 점이 중요하다. 분명, 동자는 스승 곁에서 스승이 제자들 혹은 손님들의 질문에 응대하는 모습, 즉, 어떤 질문에도 '손가락'을 세워 답하는 것을 매일 보았기 때문이다. 그러니 동자에게 떠오르는 스승의 '법'은 '손가락'밖에 없었을 것이다. 그런데 이것이 옳지 않다니. 아, 동자는 억울하다.

그렇다면 동자의 억울함을 풀어가 보자. 동자의 답이 틀리기 위해서는 단 한 가지, 스승의 '손가락'과 제자의 '손가락'이 다르다는 것을 인정하는 것뿐이다. 그런데 스승의 손가락과 동자의 손가락은 크기가 조금 다를 뿐 모양도 엇비슷한데 과연 그것을 다르다고 해야 할 것인가? 그렇다 손가락 형상의 차이가 아닌 손가락이 가지고 있는 '의미'가 다르기 때문이다.

다시 동자가 스승의 가르침을 관찰하는 모습으로 돌아가 보자. 동자는 손님들이나 제자들이 스승께 하는 질문을 듣지 못했거나 이해하지 못했을 것이다. 그는 오로지 스승이 '손가락'을 세우는 모습만 보았을 것이다. 여기서 중요한 것은 찾아온 손님들의 질문은 모두 동일하지 않았을 것이라는 점이다. 그런데 스승은 손님들의 질문 내용에 상관없이 일관되게 '손가락'을 치켜세워 답을 했다. 이런 상황 속에서 동자가 알 수 있는 것은 스승은 오로지 '손가락'만을 세우고 그것이 모든 문제의 답이자 스승의 가르침이라고 생각하는 것은 너무나 당연한 이치다.

이제 동자의 손가락이 스승의 손가락과 다른 점이 보이기 시작한다. 스승이 손가락을 치켜세우는 것은 다양한 질문들에 대한 일관된 답이었다. 하지만 스승의 세워진 손가락은 질문하는 사람의 처지와 지식 수준에 따라 다르게 받아들여질 수밖에 없다. 즉, 스승의 손가락은 동일한 것으로서의 '하나'가 아닌 '수천 개'의 의미였던 것이다. 하지만 동자에게 스승의 손가락은 난지 '하나'였을 뿐이며, 그것은 단지 손님들의 답변에 대한 '수단' 즉 '말'을 대신한 어떤 도구로 보였을 뿐이다. 하지만 스승의 손가락은 '수단'이 아닌 '법(의미)', 즉 그 자체로의 목적이었다. 따라서 각자의 모습을 달리 하고 있는 수많은 질문에 관통할 수 있는 답변으로서의 진리를 갖고 있지 못한 동자의 손가락은 오히려 스승의 가르침을 왜곡하는 위험한 모방이다. 겉으로 같아 보인다고 해서 그것이 반드시 동일한 것은 아니다.

이제, 마지막 장면을 보자. 눈물이 난다. 이유도 모른 채 손가락이 잘려 아파하는 동자에게 스승은 다시 자신의 '손가락'을 세워 보인다. 이 장면이 위에서 논의한 모든 것들의 결론에 대한 논리적 근거가 된다. 동자의 손가락을 자르고 다시 스승, 자신의 손가락을 세우는 모순된 상황, 이 속에 모든 진리와 답이 있다. 즉, 이것은 동일한 것이 반드시 동일한 것이 되는 것은 아니며, 동자가 '형상과 수단'인 손가락 그 자체에 집착했다면, 스승은 진리 그 자체로서의 손가락을 말했음을 보여주는 것이다. 같음이 하늘과 땅의 간격만큼 다르다는 것을 보여준 것이리라. 즉, 진리를 가로막는 악귀로서의 수단에 집착하는 수행은 파괴해야 하며, 동시에 자신의 손가락을 세워 보이면서 이것은 결코 '손가락'이 아님을, 진리를 추구하는 이들에게 자신의 잠을 깨우는 '죽비'와 같음을 보여주고자 한 것이다. 그래도 동자는 스승의 마지막 손가락을 보고 깨우침을 얻었을 것이니 손가락을 잃은 것이 결코 억울한 일은 아니다. '하나'의 손가락을 잃고 난 후 더 크고 굵은 손가락을 얻었을 테니 말이다.

되묻기

어느 암자의 주지가 시주를 얻으러

어떤 사내를 찾아왔을 때였다.

어떤 사람이 "바로 말하면 시주를 하겠소."하고

심(心)자를 써 놓고 물었다.

"이게 무슨 글자요."

"마음 심자입니다."

사내는 다시 자기 아내에게 물었다.

"이게 무슨 글자요."

"마음 심자입니다."

그러자, 사내가 말했다.

"내 촌뜨기 마누라도 암자의 주지가 될 수 있겠군."

시주 왔던 주지는 말문이 막혔고 사내도 시주를 하지 않았다.

답해보라

모순

좋은 달은 이울기 쉽고
아름다운 꽃엔 풍우가 많다.
그것을 모순이라 한다.

어진 이는 만월을 경계하고
시인은 낙화를 찬미하느니
그것은 모순의 모순이다.

모순이 모순이라면
모순의 모순은 비모순이다.
모순이냐 비모순이냐
모순은 존재가 아니고 주관적이다.

모순 속에서 비모순을 찾는 가련한 인생
모순은 사람을 모순이라 하느니 아는가

한용운

진짜와 가짜

플라톤은 살아 있다. 그가 『국가』에서 상정한 '동굴'의 모습이 이 세계를 지배하고 있다. 태양은 없고 어두운 그림자들만 판치는 세상이 드디어 도래한 것이다. 그는 어떤 것도 예언하지 않았지만 그 어떤 예언보다도 무섭게 현대의 삶을 포착해냈다.

일단 그의 무서운 글을 보자. "우리와 똑같은 사람들일세. 그럴 것이, 우선 뒤편의 불빛 때문에 자기들 맞은편 동굴 벽에 비치는 그림자들 말고 이 사람들이 자기 자신이나 서로의 무엇인가를 본 일이 있을 것으로 생각하나? 그리고 뒤편에서 움직이고 있는 것들에 대해서는 어떻게 생각하나? 그 역시 마찬가지 아니겠는가? 만일 이들이 서로 대화를 할 수 있다면, 이들은 자기들 눈에 보이고 화제로 삼고 있는 것들이 뒤편에서 지나가는 실물들과 똑같을 것이라고 믿지 않겠나?"

동굴 속에 손발이 묶인 사람들과 현대인들이 어찌 다르겠는가? 그들이 감각적으로 체험하는 것들에 대해 의심하지 않고

의식적인 것으로까지 확장하여 그것을 '진짜'라고 믿는 것은 시간의 흐름으로도 꺾지 못한 하나의 진리이다.

플라톤의 동굴 속 사람들과 현대인들이 다른 점은 현대인들이 감각적으로 접한 것들에 대한 믿음이 더 확고하다는 것이다. 깨질 수 없는 그 확고함의 뿌리는 플라톤이 상정한 현대의 동굴, 즉 인터넷의 가상공간 속에서 이루어진다. 이 현대의 동굴에서는 자신의 감각적인 체험들을 수많은 사람들도 동시에 체험할 수 있기 때문에 그것은 순간적으로 보편성으로 보편성을 확보할 수 있으며 그것은 곧 '진짜'의 근거가 된다. 따라서 '진짜'는 플라톤의 주장처럼 '태양'이 만들지 않는다. 가상공간 상의 대중이 만들 뿐이다. 대중은 태양도 가릴 수 있는 '먹구름'이다.

플라톤의 동굴 속 사람들은 손과 발이 풀리는 순간, 우연하게라도 '태양'을 볼 수 있지만, 현대의 동굴 속에 갇힌 대중들은 가상의 공간을 벗어난다고 할지라도 결코 '태양'을 보기 힘들다. 가상의 공간에서 벗어난 수많은 이들의 경험이 견고한 통념의 사고의 틀을 만들어, 먹구름으로 작용할 것이기 때문이다. 현대의 대중들에게는 플라톤의 동굴 속 사람들처럼 한 번이라도 자신이 믿고 있는 '진짜'에 관해 '의심'해 볼 수 있는 기회조차 주어지지 않는다.

사실, 현대의 대중들은 플라톤의 동굴 속 사람들보다 가까운 곳에 '태양'을 두고 살아간다. 그런데 태양을 태양으로 인식하는 사람은 거의 없다. 오히려 그것을 자신들의 믿음을 파괴하려는 마녀로 간주할 뿐이다. 즉, 다수의 체험을 비판하는, 낯선 믿음이나 감각적 경험이 진리임을 입증하는 소수의 사람들은 대중들에 의해 갈기갈기 찢기고, 파괴되어 빛을 잃어가는 태양이다. 현대의 동굴 속을 지배하는 다수의 '가짜'에 대한 신격화 내지 종교화는 천년의 종교시대보다도 더 어둡고 폭력적이다. 분명, '가짜'는 모방의 대상인 '원본'이 존재해야 존재할 수 있다. 하지만 대중들은 '원본'을 찾거나 그것의 존재에 관해 관심 갖지 않는다. 왜냐하면 다수가 만든, 깊이가 만든 것이 아닌, 가벼움과 유행이 만든, 전공자가 만들지 않고 어깨 너머로 귀동냥을 한 사람들이 만든, 가보지 않고 풍문을 들은 사람이 만든 '가짜'를 한 번도 '가짜'라고 생각해본 적이 없기 때문이다. 현대의 동굴 속 대중들은 '가짜'가 원본이자 곧 '진짜'라고 생각할 뿐이다.

　이런 믿음이 가능한 것은 가상공간은 이미 현실을 모방한 '가짜' 공간이기 때문의 '가짜의 세계'에서 '진짜'가 되는 길은 '가짜'가 되는 것이기 때문이다. '진짜'는 '가짜의 세계'로 들어가는 순간 자연스럽게 '가짜'가 될 수밖에 없다. 동시에 '가짜'에 매혹되고 빠져드는 사람들 역시, 현실 속 자신들의 삶을 인정하지 못하고 그들의 삶이 '가짜'이기를 바라고 있기 때문에 가상의 공간에서 만나는 '가짜'는 그들이 바랐던 이상적인 것, 진짜로 보일 수밖에 없다.

한 작가의 말, "나는 그렇다고 생각한다. 그렇다. 내 생각에 모든 거짓된 것은 한층 더, 더 다른 모든 개념들과 구분되는 명석한 개념들로 환원된다."라는 것은 역설적이게도 '거짓'이 되어 버렸다. 이제 '가짜'는 다른 모든 개념으로서의 '진짜'와 결코 구분되지 않는다. 어떻게 보면 '가짜'와 구분될 수 있는 다른 개념들은 사라지고 존재하지 않는 것이 현실이다.

초현실주의 화가 르네 마그리트는 누가 봐도 분명히 파이프인 그림에 '이것은 파이프가 아니다'라는 제목을 붙이면서 '진짜'와 '가짜'가 어떤 것인지에 관한 '의심'의 기회를 제공했다. 대중들이 진짜와 상관없이 그들이 정한 암묵적인 합의에 의해 만들어진 '가짜'로부터 탈출하기를 바랐던 것이다. 분명 그림 속의 파이프는 '진짜' 파이프를 모방한 '가짜'이다. 그리고 마그리트는 그 진실을 밝히고 있지만 대중들은 '가짜' 파이프를 '진짜'로 믿는 습성이나 믿어야 하는 강박에서 벗어나지 못한 채, 오히려 그 명제를 '가짜'라고 '의심'하는 아이러니가 발생한다.

연암 박지원은 "비슷한 것은 모두 가짜다."라고 했다. 이처럼

'가짜'는 '진짜'의 반대편에 서 있지 않다. '가짜'는 늘 '진짜'의 옆에 '그림자'처럼 붙어 있다. 그래서 대중들은 플라톤의 동굴 속 사람들처럼 진짜로서의 자신은 보지 못하고 자신에게 떨어지지 않고 언제까지나 붙어 있는 그림자, 가짜만 볼 뿐이다. 아마도 대중들은 현대의 동굴, 즉 가상의 공간이 지배하는 세상에서 영원히 진짜를 보지 못하게 될지도 모른다. 눈에 보이는 것은 오직 '그림자'뿐이기에, 그것인 '진짜'와 외적으로 다르지 않기에, 대중들은 그것을 영원히 '진짜'로 믿고 살아갈 것이다.

'모두가 '가짜'를 믿는다면, '가짜'를 '가짜'라고 말할 수 있을까?'라고 반문하는 사람들도 있을 것이다. 옳은 말이다. 우리가 살아가는데 '가짜'를 숭배한다고 해서 삶이 불편해지는 것도 아니며 반드시 '진짜'만이 우리를 이끌어가는 것도 아니기 때문이다. 하지만 '가짜'의 편안함, 깊게 사고하지 않고, 의심하지 않아도, 나의 뜻에 박수를 보내주는 그것에 길들여진다면, 누구도 '진짜'를 만들기 위해 싸우지 않을 것이며, 소외의 그늘을 당당히 받아들이려 하지도 않을 것이다. '가짜'와 콧노래 사이로 들리는 '진짜'의 고통스런 울부짖음을 들어야 한다. 원본으로서, 모방의 대상으로서의 '진짜'가 사라진다면, 세상은 길을 잃게 될 것이다.

지금까지의 '가짜'는 주체가 '진짜'로 인식되는 대상들에 대해 모방한 것에 불과했다. 하지만 이제는 감당할 수 없는 모방이 다가오고 있다. 그것은 대상에 대한 모방으로서의 '가짜'가 아닌 주체에 대한 모방으로서의 '가짜'이다. 그동안 인간들은 그들이 바라보는 대상으로서의 사물이나 세계를 모방하고 그것들을 자신의 욕망에 맞춰 '진짜'로 인식해왔다. 하지만 대상을 모방하고 '가짜'를 만들어내는 '주체'만큼은 모방의 대상으로 삼지 않았다. 왜냐하면 그것은 자신의 존재를 부정하는 것이며, 그로 인해 가짜 주체에 의해 모방된 모든 것들이 스스로 '가짜'임을 선언해야 하기 때문이다. 하지만 이제 '주체'가 모방의 대상이 되고 있다. '주체'가 '주체'를 모방하면, 모방된 '주체'는 '가짜'가 되며, 현대의 동굴 속에서는 이것이 '진짜'로 인식되면서 원본으로서의 '진짜' 주체는 잊히고 결국 사라지게 된다. 결국, '진짜' 사람의 존재는 사라지고, 사람의 모방체인 '가짜'가 이 세상의 주인이 될 것이다. 그렇다면 '사람' 중심이었던 종속의 역사도 '가짜'와 '모방'에 의해서 종말을 보게 되는 것이리라. 따라서 우리는 가짜를 무서워해야 한다.

나를 꽃들에 비춰 보아라

나를 꽃들에 비춰 보아라

당대의 시인으로 유명한 황산곡이

회당 선생과 함께 참선을 마친 뒤였다.

"『논어』에 공자가 '나는 너희들에게 아무것도 감추고 있는

것이 없다'고 했는데, 그 말이 선(禪)과 같군요."

회당 선생이 답했다.

"잘 모르겠는데 우리 산책이나 할까요."

두 사람은 함께 산길을 걸었다.

길옆에 물푸레 꽃이 활짝 피어 있는 것을 보고 선생이 말했다.

"어떻습니까? 저 꽃향기가 좋지요?"

"예, 좋습니다."

"보시지요. 아무것도 감춘 것이 없지요."

통찰

말이 도대체 무슨 소용이란 말인가? 말보다 더 깊고 우주보다 넓은 존재들이 온 천지를 가득 메우고 있는데, 말 혹은 단어, 그것은 나를 그리고 세상을 보여주기에는 먼지보다도 못한, 실체도 없는 초라한 것에 지나지 않는다. 우리가 살아가기 위해서는 주변에 흩뿌려져 있는 많은 생명들, 아름답게 존재하는 것들을 건져내고 그것들과 시선을 맞추어야 한다. 그것들이 말하는 것에 귀 기울이고, 우리의 입은 침묵에게 자리를 양보해야 하리라. 오늘 아침도 햇살은 창문을 두드리며 나를 깨어나게 하고, 이름 없는 들꽃의 향기는 나의 걱정을 위로하고, 침실의 한 귀퉁이를 적시는 귀뚜라미의 소리는 욕망을 내려놓으라고 다독인다. 친구여 입을 다물자. 그리고 말없이 살아가는 존재들의 리듬을 느껴보자.

논리의 대답

황산곡의 선(禪)에 관한 깨달음은 아주 멋지다. 지식인답고 시인스럽다. 하지만 선생은 황산곡의 멋진 깨달음에서 무엇이 마음에 들지 않았던 것일까? "『논어』에서 공자가 '나는 너희들에게 아무것도 감추고 있는 것이 없다.'라고 말했는데, 그 말이 선과 같군요."라는 황산곡의 말에서 공자가 한 말과 선을 같은 것으로 취급하고 있다는 점에 선생은 동의하기 힘들었던 것으로 보인다. 이 부분에 대해 선생의 대답은 "잘 모르겠다."였다. 이 대답은 정말 모르겠다는 표현이 아니라 공자의 표현과 선이 결코 같을 수 없다는 간접적 대답이거나 선은 그렇게 표현할 수 있는 것이 아니라는 의미일 것이다.

먼저 공자의 말을 분석해보면, '자신이 무엇인가를 감추고 있지 않다'라고 말하는 것 속에는 제자들이 자신의 가르침에 대해 부족함을 느끼거나 혹은 더 많은 것들을 기대하고 있다는 점이 전제되어 있다. 하지만 이런 제자들의 기대와는 달리 자신은 모든 것을 가르쳤고 더 이상 보여줄 것이 없다고 확고하게 말하고 있다. 공자의 이 표현 뒤에 이어지고 있는 『논어』의 구절을 보면, 그 답에 조금 다가갈 수 있을 것이다. "나는 평소에 무엇인가 행함에 있어서, 너희들과 함께 하지 않은 것이 없다."라는 말을 통해 자신의 '일거수 일투족'이 곧 가르침이며, 그 이상도 이하도 가르칠 것이 없다고 말한다.

그렇다면 선생은 선과 공자의 표현이 어떻게 다르다고 생각하고 있는 것일까? 선생의 마지막 말을 보면, 어느 정도 답이 보인다. "어떻습니까? 저 꽃향기가 좋지요?" "보시지요. 아무것도 감춘 것이 없지요." 여기서 비교의 지점은 공자의 '감춘 것이 없다'는 표현과 선생의 '꽃이 향기를 뿜는 것'을 언급한 부분이다. 즉 선생은 꽃이 향기를 내뿜는 그 자체가 선이라고 본 것이다. 공자의 '감추지 않는 가르침'을 '꽃이 향기를 내뿜는 것'과 비교해 보면, 공자는 향기를 내뿜지 못한 것이다. 왜냐하면 제자들이 그 향기를 맡지 못하고 있기 때문이다.

다시 말해, 공자가 숨김없이 모든 것을 가르쳤다면, 누구든 그것을 쉽게 볼 수 있었어야 했다. 따라서 선생이 생각하는 '선'은 감추려고 해도 결코 감출 수 없는 것이며 동시에 그것은 누구나 접할 수 있는 자연스런 일상 그 자체여야 한다고 생각한 것이다. 그런데 공자는 자신이 의도하지 않았지만, 그의 가르침에는 감추어진 것이 존재하며, 그것은 누구든 쉽게 깨달을 수 있는 성질의 것이 되지 못한 것이다.

자, 이제 이야기를 정리해보자. 선생이 황산곡의 표현을 거부한 이유는 크게 세 가지로 정리될 수 있다. 하나는 황산곡이 '공자의 표현'과 '선'을 같다고 본 것에 대한 반발이다. 두 번째는 공자의 가르침과 행위 사이에 존재하는 모순이다. 세 번째는 '선'은 '말'이라는 개념적 범주로 정의내릴 수 없고 오히려 주변의 자연 속에서 발견할 수 있다는 것이다. 결론적으로 보면, 황산곡의 눈은 책 속에만 머물러 있었고, 선생의 눈과 귀는 만물에 열려 있었던 것이다.

되묻기

한 제자가 향곡 선생에게 물었다.

"큰 길에는 문이 없다는 뜻이 무엇일까?"

"쉬! 쉬! 말조심해라."

"'쉬쉬'한 뜻은 무엇입니까?"

그러자 선생이 말했다.

"동쪽 서쪽이 백억 세계요, 남쪽 북쪽이 십억 국토이니라."

답해보라

떠오르는 것

수면이 반짝반짝 맑을 때가 좋더니

산빛이 어둑어둑 비가 와도 멋지네

서호는 월서시(越西施)[1]

옅은 화장, 짙은 붓 아무래도 어울리네

소동파

위와 아래

구조는 전략이다. 즉, 순서에서의 위치를 장악하기 위한 개체 간의 전쟁이다. 순서는 절대적 순서가 있는가 하면 상대적 순서가 있다. 하지만 인간 사이의 구조는 절대적 순서가 지배적이다. 한번 결정된 순서는 좀처럼 바뀌지 않고, 순환론은 더더욱 고개를 내밀 수가 없다. 여기서 우리는 두 개의 우화를 볼 것이다.

미셸 세르가 예로 들었던 우화, '늑대와 어린 양'이 하나이며 또 다른 것은 '늑대와 어린 양'의 진화적 모습으로서의 우화이다. 이 둘의 진화적 과정을 통해 변할 듯 변하지 않는 순서 위치로서의 구조적 견고함을 우리는 만날 것이며, 점점 깊게 그리고 더 친숙하게 우리 곁에 다가와 있는 구조의 부조리함을 보지 못하는 역설적인 상황을 접하게 될 것이다.

〈늑대와 어린 양〉에서 말하고 있는 순서로서의 위치에 관한 구조 속으로 들어가보자. - 늑대는 새끼 양을 보더니 시비를 걸기 시작했다. "어이, 거기 있는 새끼 양, 어째서 내 물을 흐려 놓은 거야?" "아니에요, 저는 물을 흐리지 않도록 아래쪽에서 물을 마시고 있었는데요." 늑대는 그 말을 들은 척도 하지 않고 이렇게 말했다. "너는 지난여름에도 내 험담을 하고 다녔지?" "죄송해요, 그때 저는 태어나지도 않았는데요." 여기서 중요한 것은 새끼 양은 아래에서 물을 먹었으며, 따라서 늑대의 물을 절대로 흐릴 수 없다는 점이다. 물의 흐름은 상류에서 하류로 향하며, 언제나 상류를 차지하는 것은 늑대일 뿐이다. 이 순서적 위치로서의 구조는 절대로 바뀔 수 없다. 이 순서적 위치를 바꾸고자 하는 욕망은 자신의 목숨을 버리는 것과 같다는 사실을 어린 양들도 이미 알고 있다.

만약 물이 흐려진다면, 그것은 오로지 상류적 위치를 독점하고 있는 늑대의 행위가 원인으로 작용할 때 뿐이다. 원인은 결과에 앞서는 순서적 위치 구조의 핵심이다. 그런데 앞선 위치로서의 원인은 늘 보이지 않는다. 우리(양들)는 결과만 만나게 되며 그 결과는 순서적으로 뒤에 존재하는 이들의 몫이다. 결과를 결정하면서도 그 모습을 드러내지 않는 원인으로서의 늑대는 구조를 결정하는 순서의 지배자다.

강 하류에 있던 어린 양들은 보호자가 절대적으로 필요했다. 스스로 상류의 자리를 차지하기 힘들다는 것을 그들은 알고 있었으며, 그들은 상류에 위치하고 싶지도 않았다. 단순한 흐린

물이라도 안전하게 마시고 싶었을 뿐이다. 그것을 보장받기 위해 그들은 늑대보다 더 상류에 있다고 생각하는 인간들을 만났다. 그리고 그들은 자신의 털과 우유를 인간들에게 헌납하는 대신 '보호'라는 우리 속에 스스로를 가두었다. 이렇게 되자, 오히려 생명에 위협을 느낀 늑대는 양들에게 평화 협상을 제안했다. 늑대는 견고한 구조로서의 순서적 위치를 포기한 것이다.

두 번째 〈늑대와 양〉의 우화, 그 속에 숨은 늑대의 비밀스런 전략을 만나보자. 늑대는 일체 양들을 습격하지 않기로 했다. 그리고 그 약속을 지키기 위해 늑대는 자신들의 새끼를 양들에게 볼모로 맡긴다. 공정하게 양들도 자신들의 새끼를 늑대에게 맡기는 것이 평화 협상의 조건이다. 늑대가 제안한 이것이 바로 숨은 전략이다. 이후 늑대는 자신의 숲에서 나오지 않았고 그들은 자신들이 키운 양들을 한 마리씩 잡아먹으며 배고픔을 이겼다. 하지만 그 사이 양들이 키운 늑대 새끼들은 어금니와 발톱을 키웠다. 그렇게 자란 어린 새끼들은 열두 번째 보름달을 기다리며, 양을 습격한 후 숲으로 돌아갈 날만 기다렸다. 결국, 늑대는 또 승리했다. 평화는 보이지 않는 늑대들의 전략에 의해 깨어질 날만을 기다리고 있는 시간이며, 오히려 늑대들의 파괴적 결과들이 소리없이 진행될 수 있도록 도와준 위장막에 지나지 않았던 것이다. 이렇게 만들어진 평화라는 임시적 결과는 원인을 보지 못하게 만드는, 절대적 순서로서의 상류 구조를 다지는 거짓된 현상에 불과한 것이다.

개울물의 상류를 독차지하면서, 자신들의 모든 행위가 정의라고 외쳤던 늑대들은 이제 사라졌다. 소수 혹은 특별한 존재들만이 상류를 점령하고 다수의 양들이 하류에서 혼탁한 물을 마시는 것이 공정한 게임의 룰이라고 주장했던 늑대들도 더 이상 보이지 않는다. 하지만 그들은 결코 사라진 것이 아니다. 숲 속으로, 개울물의 발원지로, 최고의 상류로 자리를 옮긴 것뿐이다.

늑대들은 숲 사이로 양들을 항상 노려보고 있지만, 칠흑 같은 어둠이 깔리는 밤에만 발톱과 어금니를 드러낸다. 그리고 열두 번째 보름달이 뜨는 밤만 기다린다. 그래서 양들은 그들을 결코 보지 못한다. 순서적 위치를 만든 원인이 사라진 것이라고 양들은 믿는다. 그래서 하류의 물이 혼탁해질 때면 그것이 원인을 자신들에게서 찾는다. 곧, 원인과 결과가 동시적으로 발생하는, 순서로서의 구조가 사라진 삶을 살고 있는 것으로 양들은 착각하는 것이다. 하지만 보이지 않는 불안과 공포가 그들을 감싸고 있다. 다시 말해, 혼탁해진 물의 원인을 늑대가 아닌 다른 양에게서 찾기 위해, 자신의 동료를 늑대로 만드는 현상이 나타나기 시작하는 것이다.

세상이 평화로울수록 늑대는 더 깊은 숲으로, 더 높은 상류로 자리를 옮긴다. 양들이 하류에서 만족하며 혼탁한 물을 마실 때, 서로에게서 늑대의 모습을 볼 때, 늑대는 더 짙은 어둠을 기다린다. 늑대의 순서적 위치가 상류로 향할 때, 양들의 순서적 위치는 더 아래로 향할 뿐이다. 순서적 위치로서의 구조는 오히려 더 견고해지고 절대화되고 있는 것이다.

나비효과, 아주 작은 나비의 날개짓, 그것은 감당할 수 없는 거대한 태풍의 제1원인이다. 하지만 휘몰아치는 태풍 속에서 위태로운 존재들은 누구도 나비의 존재를 알지 못하며 따라서 나비를 탓하지 못한다. 이렇게 순서적 위치로서의 구조가 견고해지고 있는 원인을 찾아낼 수는 없다. 하지만 어느 시대보다 이 순서적 위치로서의 구조는 우리와 가깝게 밀착되어 있으며, 우리를 어느 때보다도 강력하게 지배하고 있다. 평화와 안정의 이름 뒤에 숨은 이 구조는 깰 수 없는 보호막을 얻은 것이다. 아, 얼마나 역설적인가!

네가 찾는 것은
어디에든 있으며, 어디에도 없다

던지기

네가 찾는 것은
어디에든 있으며, 어디에도 없다.

어떤 제자가 만공 선생에게 물었다.

"진리는 어디에 있습니까?"

"네 눈 앞에 있느니라."

"눈 앞에 있다면 왜 저에게는 보이지 않습니까?"

"너에게는 너라는 것이 있기 때문이다."

"선생님께서는 보셨습니까?"

"너만 있어도 안 보이는데 나까지 있다면

더욱 보지 못하느니라."

"나도 없고 선생님도 없으면 볼 수 있겠습니까?"

이에 선생이 말했다.

"나도 없고 너도 없는데 보려고 하는 자는 누구냐?"

통찰

우리의 눈은 무엇을 볼 수 있을까? 눈으로 본 것이 과연 존재하는 것일까? 혹여, 그것은 눈이 본 것이 아니라 우리의 생각이 만든 허상은 아닐까? 만약 그렇다면 우리의 '눈'은 보기 위해 존재하는 것이 아니라 생각이 만든 것들을 실체화하고 위장하도록 돕는 하수인에 지나지 않는 것이리라.

그러면 어떻게 해야 우리는 제대로 볼 수 있을까? 그것은 단순하다. '눈'을 감으면 '허상'과 '어둠'은 사라진다. 그럴 때 우리는 모든 것을 보기 시작할 것이며, 그것들이 살아 움직여 우리를 감싸는 것을 느끼게 될 것이다.

배우는 이들이여, 당신들 앞에 놓인 진리를 보고 싶은가? 그렇다면 눈을 감아라. 그 순간 진리는 선명해지고 당신은 사라질 것이다.

논리의 대답

제자의 질문은 '진리가 어디에 있는가?'라는 것이다. 그런데 여기서 '어디'는 특정한 장소를 묻는 것이 아니라 진리를 얻는 방법을 묻고 있는 것이다. 왜냐하면 '진리'는 '어디'라는 공간을 점유하는 구체성의 실체가 아니기 때문이다. 따라서 제자의 질문에서 '어디'는 진리를 깨닫기 위한 방법으로 보는 것이 적절하다. 그런데 스승의 답은 '네 눈 앞'이라고 구체적인 공간을 지칭하고 있다. 그렇다면 스승은 제자의 질문을 제대로 이해하지 못한 것일까? 그것은 아니다. 오히려 '진리'를 어디라는 '공간' 속으로 집어넣으려고 했던 제자의 질문부터가 틀린 것이다. 근원적인 오류부터 파괴하려는 스승의 의도였던 것이다. 이어지는 대화들 속에서 그것의 근거들을 하나씩 찾아보자.

분명, 제자는 진리의 도달 방법을 물었는데, 스승은 왜 '눈 앞'이라는 공간 속에 '진리'를 갖다 놓았을까? 스승의 답변은 진리를 특정한 공간의 차원을 넘어선 제한할 수 없는 초월적 거리의 개념을 적용한 것이다. 다시 말해 '눈 앞'은 제자에게 아주 가까운 곳이지만 동시에 끝없이 먼 무한의 거리이기도 하다. 하지만 제자의 질문, "눈 앞에 있다면 왜 저에게는 보이지 않습니까?"를 보면, 제자는 '눈 앞'을 단어 의미 그대로인, 아주 가까운

'거리'로 해석하고 있다. 이렇게 '눈 앞'이라는 단어를 가까운 곳이라는 통념으로 접하는 순간, 그 가까운 거리는 천리보다 먼 무한의 거리로 멀어지고 만다. 하지만 제자는 이런 사실 혹은 진리를 알 리가 없다. 그래서 스승은 그 거리가 무한대로 멀어진 이유를 친절하게 답해주고 있다. "너에게는 너라는 것이 있기 때문이다."

　그러면 이제 '너'라는 존재, 즉 자신이 어떻게 '눈 앞에' 있는 진리를 끝없이 먼 곳으로 쫓아냈는가가 궁금해진다. 그것은 '나'와 '진리'와의 관계가 거리를 만드는 것으로, 아마도 '나'가 크면 클수록, 그래서 더 큰 눈을 가지면 가질수록 '진리'는 무한의 거리로 달아나게 되는 것이리라. 스승의 논리대로라면 '나'라는 존재가 '진리'를 보는 장애물이기 때문이다. 그러면 왜 '나'는 '진리'를 보는 장애물일까? 그것을 알아야 스승의 마지막 말을 깨우칠 수가 있다. 진리로 다가서는 것을 방해하는 '나', 그것은 '나'가 가지고 있는 진리에 대한 고정관념이나 편견의 절대성과 한정성을 말하는 것이다. 아무리 '나'가 많은 것을 알고 있다 해도 최종적 혹은 근원적 진리들의 무한의 범위에 비한다면 그것은 아주 작은 것에 지나지 않는다. 따라서 이것은 작은 낚시 바늘로 바다보다 큰 고래를 잡으려 하는 것과 다르지 않은 것이다. '나'가 존재하는 한, 나의 지식은 진리의 아주 작은 한 부분에만 머무를 수밖에 없으며 그로 인해 진리의 전체를 보지 못하게 되는 것은 너무나 당연한 이치인 것이다.

스승의 다음 답변은 '나'라는 실체가 얼마나 '진리'와 대척점을 이루고 있는지 말해주기에 충분하다. "너만 있어도 안 보이는데 나까지 있다면 더욱 보지 못하느니라."라는 스승의 답변에서 '너'와 '나'는 제자와 스승만을 지칭하는 것이 아니다. 사람들이 늘어나고 그들이 만든 지식들도 함께 쌓이면 진리로 가는 장애물만 더 늘어날 뿐임을 말하는 것이다. 다시 말해 '나' 즉, 스승(만공)의 가르침도 '너'가 진리로 다가가는데 방해가 될 뿐이며, 사람과 배움이 많아지는 것은 편견만 커지는 것으로 그로 인해 '진리'는 가깝지만 영원히 볼 수 없는 거리로 사라져 버린다는 사실을 역설하는 것이다. 제자도 어느 정도 스승의 말을 깨우쳐가는 듯 보인다. "나도 없고 스승도 없으면 볼 수 있겠습니까?"라는 질문 속에서 제자는 자신도 스승도 제거해야 '눈 앞'에 진리를 볼 수 있을 것이라고 생각한 것이다.

아, 그런데 스승의 마지막 답변은 제자를 다시 미궁 속으로 밀어 넣어 버렸다. "나도 없고 너도 없는데 보려고 하는 자는 누구냐?"라는 스승의 마지막 답변이자 질문은 무엇을 말하는 것일까? 이것이 대화의 종착점인 동시에 제자를 어둠에서 구하는 빛이다. 스승의 마지막 질문의 표면적 의미는 '진리'를 보려고 하는 자가 존재할 수 없다는 의미이다. 그렇다면, '진리'는 어떻게 되는가? '진리' 역시 존재할 수 없게 된다. 진리라는 것은 인식의 주체가 존재할 때 그것의 대상으로서 존재하는 것인데 인식의 주체가 사라진다면 동시에 대상도 사라질 수밖에 없다. 역설적이게도 인식의 주체로서의 '나'가 존재하게 되면, '진리'는 볼 수 없는 곳으로 멀어져 있고, 그것을 가까이 '눈 앞'으로 불러들이기 위해 '나'를 죽이면 동시에 대상으로서의 '진리'는 볼 수 없는 것이며, 따라서 '진리' 그 자체도 존재하는 것이 아니라 우리가 만든 '허상'에 지나지 않는 것이다.

제자의 처음 질문으로 돌아가보자. "진리는 어디에 있습니까?"라는 이 말은 '진리'가 반드시 어딘가에 존재하고 있다는 것을 전제로 하고 있다. 하지만 스승의 답변은 '진리'의 존재를 당연하게 여기는 제자의 고정관념과 편견을 뿌리째 뽑아버렸다. 진리가 존재한다면, 그곳은 주체가 볼 수 없는 곳이며, 우리가 진리를 볼 수 있다면 그것은 이미 진리가 아닌 것이다.

되묻기

석두 선생이 바닥에 동그라미를 그려 놓고 만공에게 말했다.

"천하 만공이 무엇 때문에 이 가운데 들어가지 못합니까?"

만공 선생이 말했다.

"천하 석두가 무엇 때문에 이 속에서 나가지 못하는가?"

답해보라

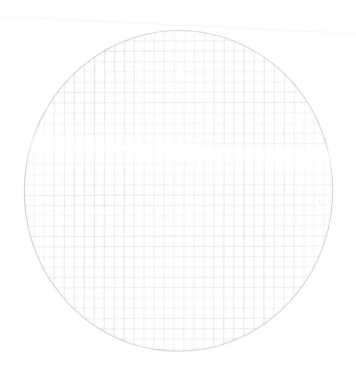

작은 상자를 세낸 사람들

작은 상자 안에
돌을 던져 넣어라
그러면 새 한 마리를 꺼낼 수 있으리

그대의 그림자를 던져 넣어라
그러면 행복의 셔츠를 꺼낼 수 있으리

그대 아버지의 뿌리를 던져 넣어라
그러면 우주의 축을 건져 낼 수 있으리

작은 상자는 그대를 위하여 일한다.

바스크 포파

넘어서기

도덕적인 것과 좋은 것

'도덕'하면 떠오르는 단어는 '금단의 선악과'이다. 종교적으로 보면, 인간은 '악'의 후신으로 태어나면서 자신과의 싸움을 위해 '금지'와 '의무'라는 도덕의 무기를 신으로부터 선물 받았다. 이 선물을 칸트는 『윤리형이상학 정초』에서 다음과 같은 명제로 포장했다. "그러나 또한 다른 모든 이성적 존재자도, 나에게도 타당한 바로 그 동일한 이성 근거를 좇아, 그의 현존재를 그러한 것으로 표상한다.

그러므로 그것은 동시에 객관적 원리로서, 최상의 실천 근거인 이 원리로부터 의지의 모든 법칙이 도출될 수 있어야만 한다. 그러므로 그 실천 명령은 다음과 같은 것일 것이다. '네가 너 자신의 인격에서나 다른 모든 사람의 인격에서 인간을 항상 동시에 목적으로 대하고, 결코 한낱 수단으로 대하지 않도록, 그렇게 행위하라." 이것은 우리가 추구해야하는 도덕이 무엇이며, 왜 그것을 추구해야하는지를 보여주고 있다. 여기서 '도덕적인 것'은 '좋은 것'과 동일한 것으로 비춰진다. 그런데 과연 보편적인 것이 되어야 하는 '도덕적인 것'이 개인적인 것으로서의 '좋은 것'과 동일하다고 말할 수 있을까?

먼저, 도덕적인 것은 인간의 본성이 '악'하다는 것을 전제로 성립된다. 그런 개인들의 집합체인 사회는 더 큰 악이 지배하는 공간이다. 이 관점대로라면, 개인과 사회보다 '악'이 먼저 생겼다. 그리고 도덕은 '악'에 저항하는 영웅쯤 될 것이다.

이렇게 도덕적인 것이 좋은 것, 즉 영웅이 된 역사적 기원은 아리스토텔레스로 거슬러 올라간다. 그는 에토스를 '좋은 성격'과 '좋은 습관'을 연결하는 도덕적인 행위에서 찾았다. 개인에게서 좋은 것은 이미 사회가 만들어 놓은 관습을 따르는 것이며 그것의 충실성이 개인의 정체성을 평가하는 잣대가 된 것이다. 이렇게 도덕적인 것을 절대적인 것으로 위치시키고 개인이 욕망하는 좋은 것에 관한 것들은 도덕의 범위 내에서 허용되거나 그렇지 않으면 '악'으로 조작되어 퇴출되었다. 이런 관념은 현대의 철학자들에게서도 변하지 않고 이어지고 있다.

드류 매킨타이어는 『덕의 성실』에서 합리적 도덕은 종교의 흔적이 남아 있을 때만 작동할 수 있다고 말한다. 그 흔적이 사라져 버리면 더 이상 도덕이 지탱될 수 없다고 본 것이다. 따라서 종교의 힘이 사라지고, 개인의 '좋은 것'에 관한 기호들이 넘치는 시대는 '악'이 지배하는 비도덕적인 사회가 되어버리는 것이다.

현대사회는 도덕적인 것과 좋은 것이 서로 잡았던 손을 놓아야 하는 시대이다. 현대의 도덕적인 것은 철학자들의 말처럼 종교적 신처럼 거대한 것이 결코 아니다. 현대의 도덕적인 것은 마치 모세혈관처럼 작은 것들이 촘촘히 그리고 복잡하게 연결된 형태로 존재한다. 무수한 조직체 혹은 사회는 그들이 만든 그들만의 도덕적인 것으로 개인의 '좋은 것'에 관한 선택적 자유를 억압한다. 만약 '좋은 것'에 관한 개인의 기호들이 운동성을 가지면, 즉 그들의 기호가 도덕적인 것들에 저항한다면, 그것들은 '악'이 되고 동시에 개인은 존재의 근거를 상실할 위기에 놓인다. 도덕적인 것이 개인의 좋은 것들을 파괴하는 제왕주의적 권력을 행사하는 것이다.

이 지점에서, 도덕과 '악'은 탄생 순서를 바꿔야 한다. '악'은 선천적으로 주어지는 것이 아니라 조직체나 사회의 도덕이 사후적으로 만들어낸 것이기 때문이다. 엔트로피 법칙처럼, 도덕적인 것들이 많아질수록 '악'은 더 빠른 속도로 늘어나 도덕을 이기기 위해 그들은 더욱 강해진다. 결국, 도덕적인 것의 절대적 의무에의 강요와 암묵적 권력의 행사는 악을 파괴하기 위한 것이라기보다 오히려 변종의 악틀을 잉태시켜 지신의 존재를 위협하는 결과로 이어진다.

이처럼, 도덕적인 것은 개인들이 '좋은 것'을 선택하고 즐길 수 있는 '자유'를 빼앗는다. 종교가 도덕이던 시대에서는 신의 존재에 대한 믿음의 선택권만을 빼앗겼을 뿐, 그 이외의 것들, 개인의 '좋은 것'들은 자유롭게 취할 수 있는 시대였다. 하지만 '신'이 사라진 그 자리를 너무도 많은 신들, 다양하고 조밀한 조직체와 거대한 사회가 만든 도덕적인 것들이 차지하면서 개인의 좋은 것에 관한 선택적 자유까지 송두리째 빼앗아 버렸다.

그래서 현대는 '기호 자유 상실의 시대'라고 말해야 할 것이다. 이런 기호 자유의 상실은 현대사회를 정신적 질병에 신음하게 만들고 있다. 깊어만 가는 정신적 질병의 사회적 전염은 도덕적인 것들에 대한 좋은 것들의 마지막 저항의 몸부림이다.

'도덕적인 것'에 관한 실천적 의무감만 살아 있고, 개인의 '좋은 것'에 관한 선택이 죽었다면 그 사회는 죽은 것이다. 역사가 입증하듯이, 사회를 파괴하는 것은 언제나 도덕적이라 자처한 권력자이거나 그들이 만든 법이었다. 그들의 눈에 비친 개인의 '좋은 것'에 관한 기호는 권력자가 추구하는 집단적 행복, 도덕적인 것을 파괴하는 마녀의 지팡이일 뿐이었다.

개인의 '좋은 것'은 비도덕적인 '악'이 결코 아니다. 그것은 자신의 욕망에 충실한 나머지 타인을 관심의 대상으로 넣지 않는 것일 뿐이다. 개인의 '좋은 것'은 개인적인 범위를 넘어서 보편적인 것으로 가지 않는다. 그래서 개인의 '좋은 것'은 타인과의 경쟁 대신 무관심을 선택한다. '좋은 것'에 대한 타인의 질투와 욕망이 존재하지 않는 것으로서의 무관심. 이런 무관심은 오히려 평화를 불러온다. 적을 만들지 않고, 자신의 것에 몰두한 나머지 타인의 욕망을 잊기 때문이다. 동시에 개인의 '좋은 것'은 감성적이다. 도덕적인 것이 이성적 판단을 토대로 하는 견고함으로 무장했다면, 개인의 '좋은 것'은 언제든 변할 수 있는 부드러운 것이다. 또한 개인의 '좋은 것'은, 도덕적인 것에 관해 절대적 부정으로 맞서지도 않는다. '열린 도덕', 즉 개인의 '좋은 것'을 최대한 그리고 우선적으로 배려하는 지점에서는 도덕적인 것과 개인의 좋은 것은 하나가 될 수 있다.

다시 칸트의 『윤리형이상학 정초』로 돌아가서, 많은 사람들이 칸트의 도덕관을 오해하고 있는 부분을 만나보자. "그러므로 무릇 최상의 실천 원리가 있어야 한다면, 그것은 목적 그 자체이기 때문에, 필연적으로 누구에게나 목적인 것의 표상으로부터의 의지의 객관적 원리를 형성하고, 그러니까 보편적 실천 법칙으로 쓰일 수 있는 그러한 것이어야만 한다.

이 원리의 근거인즉, 이성적 자연 본성은 목적 그 자체로 실존한다는 것이다. 인간은 필연적으로 자기 자신의 현존을 이렇게 표상한다. 그런 한에서 이 원리는 그러므로 인간 행위들의 주관적 원리이다." 여기서 간과해서는 안 되는 점은 개인을 자연적 본성으로서의 목적 그 자체로서, 주관적 원리인 동시에 보편적인 것의 시작점으로 인정하고 있다는 사실이다. 다시 말해, 개인의 '좋은 것'들이 타인을 파괴하는 것들로 이루어진 것이 아니라면, 도덕적인 것들은 개인적이며 주관적인 것들에 기초해야 한다는 점이다. 도덕적인 것, 그것이 '금지와 의무'라는 폭력적이고 억압적인 인상에서 벗어날 수 있는 길은 개인의 '좋은 것'에 관한 색안경을 벗고 열린 마음으로 그것들과의 공존적 삶을 선택하는 것이다.

나를 볼 수 있을 때
비로소 만물은 태어난다

나를 볼 수 있을 때
비로소 만물은 태어난다

금오 선생이 금강산에서 수행할 때 일이다.

산길을 가는데 한 중년 신사가 금오 선생을 불렀다.

"선생은 우주가 창조된 지 몇 해나 되었는지 아시오?"

"당신 소견에 내 이야기가 통하겠소. 걸음이나 같이해서 갑시다."

중년 신사는 불쾌해 하며 화를 냈다.

"선생, 사람을 이리 무시할 수 있소. 대답도 못하는 주제에…"

"나는 사실대로 말했을 뿐 무시한 건 그쪽이오."

"알다마다요."

"그럼 말해 보시오."

"당신이 먼저 말해 보시오."

"먼저 말하리다. 우주가 창조된 것은 39년 전이오."

"당신 소견이 그것뿐인 줄 이미 알고 있었소.

당신 나이가 39센가 보구려."

"그럼, 선생이 말해 보시오."

"우주의 창조 연대는 약 5분 전이었소. 알겠소?"

통찰

우주는 어떻게 탄생했을까? 많은 과학자들은 그것을 밝히기 위해 수많은 가설을 내놓았고 아직도 망원경과 작은 별들에서 눈을 떼지 못하고 있다. 하지만 그것은 구름을 잡기 위한 아이의 헛된 손짓에 불과한 것이다. 우리가 우주 속에 살면서 우주의 시작과 끝 그리고 그것의 과거와 미래를 안다는 것은 불가능하기 때문이다. 지금까지 밝혀진 우주 탄생의 과학적 이론들은 아마도 위 글의 중년 신사의 말과 다르지 않을 것이다. 만약 우리가 우주 탄생의 비밀을 알고자 한다면 우리는 우주 밖으로 나가야 할 것이다. 그것을 우리를 없애는 것, 즉 죽음과 시작은 '나'에게서 비롯되고 끝난다는 망상을 파괴하는 것이다. 별을 보라. 별은 너와 다르지 않다.

논리의 대답

칼날이 부딪치는 두 사람의 대화 속으로 들어가 보자. 칼날에 베이지 않기 위해서는 조금 떨어져서 두 사람을 바라봐야 할 것 같다. 먼저, 중년 신사의 질문부터 보자. "선생은 우주가 창조된 지 몇 해나 되었는지 아시오?"라는 문장은 단순히 우주 탄생을 묻고 있는 것이 아니다. 이것은 자신의 지식에 대한 자부심과 상대방에 대한 경멸의 어조를 품고 있다. 특히 '선생은' 이라는 주어에서 보조사 '은'은 '대비와 강조'의 기능으로 쓰이고 있다. 그렇다면 중년 신사의 질문 속에는 자신은 우주 탄생을 알고 있지만 선생은 알지 못할 것이라는 전제가 숨어 있는 것이다. 하지만 이 질문의 의도를 알고 있는 선생은 "당신 소견에 내 이야기가 통하겠소. 걸음이나 같이해서 갑시다."라는 말로 중년 신사를 반격하고 있다. 여기서 '당신의 소견'은 어떤 것에 대해 '나'만 알고 '타인'은 알 수 없을 것이라는 '주관적이며 자기중심적 판단'을 말한다. 보통 이런 사람들은 '타인'의 목소리에 귀를 기울이지 않기 때문에 선생은 "내 이야기가 통하겠소"라는 말을 통해 '당신'의 귀는 결코 열리지 않을 것이며, 혹여 당신의 귀가 열린다 하더라도 '큰 이야기'가 들어가기에는 그 통로가 너무 좁다고 비판하고 있는 것이다.

이런 선생의 대답에 중년 신사가 화를 내는 것도 당연하다. 그런데 중요한 것은 선생의 말대로 상대방을 무시한 것은 중년 신사 자신이었다. 중년 신사는 상대방을 무시하는 단어를 직접적으로 사용하지 않았기 때문에 무시한 적이 없다고 발뺌을 하는 것이지만 선생은 중년 신사의 말 속에 상대방을 무시하려는 의도가 들어있다는 것을 이미 알아챈 것이다. 그래서 "나는 사실대로 말했을 뿐 무시한건 그쪽이오."라고 답변한 것이다. 여기서 '사실대로'라는 부사어의 의미가 궁금할 것이다. 이것은 자신의 편협한 무기로 상대방을 제압하려는 사람은 '소견이 막혀 있는 것'이 일반적이라는 의미이다. 중년 신사가 상대방을 무시하지 않았다고 주장했지만 결국 그의 또 다른 질문, "그럼 선생은 우주창조 연대를 안단 말이오."라는 말을 통해 그는 자신이 상대방을 무시한 적이 없다는 주장이 거짓임을 스스로 밝히고 있는 셈이다.

하지만 중년 신사는 자신만이 우주 탄생에 관해 알고 있다는 생각을 끝까지 버리지 못하고 있다. 그래서 당당히 자신이 알고 있는 답을 제시한다. "우주가 창조된 것은 39년 전이오."라는 이 말은 자신의 대답이 기존의 지식에서 벗어난 훌륭한 생각이요, 가장 완벽한 정답이라고 확신하고 있는 목소리다. 다시 말해, 중년 신사는 '우주는 내가 존재하지 않는 한 존재할 수 없다'는 나름대로 괜찮은 생각을 가지고 있는 것이다. 어떤 사물도 인식의 주체로서의 '나'가 존재하지 않는다면, '인식 대상' 역시 존재할 수 없다는 것을 중년 신사는 알고 있는 것이다. 금오 선생의 "당신 나이가 39센가 보구려."라는 말이 중년 신사의 이런 진리관을 관통해서 보여주고 있다. 중년 신사의 생각은 보통 사람들보다 한 발짝 더 나아간 것임은 분명하다. 만물은 인식 주체와 상관없이 독립적으로 존재하고 사라진다는 사실을 뒤집은 것이기 때문이다.

하지만 금오 선생의 견해는 이것조차 얼마나 좁은 생각인지를 깨우쳐준다. "우주의 창조 연대는 약 5분 전이었소. 알겠소?" 그렇다면, 이 불꽃 뒤는 대화에서 중요한 것은 단 하나, '39년'과 '5분'의 시간적 차이이다. 이 시간의 차이는 표면 그대로의 우주 탄생의 년도 차이가 아님은 누구나 알 것이다. 따라서 '5분'의 의미는 중년 신사와 금오 선생의 대화 시간으로서 '자신'의 관념, 즉 '나'에 관한 주체적 고정성과 기준을 버리기 시작한 시간이다.

달리 말하면, 진정한 깨달음이 시작된 것은 '5분 전'이며, 그때부터 '우주' 혹은 '참다운 진리'에 대한 인식이 시작된 것임을 의미하는 것이다. 금오 선생의 가르침을 조금 더 들어가 보면, 우리가 사물을 인식하는 것은 '나'라는 인식주체가 존재하는 시점부터 무조건 가능한 것이 아니라는 것이다. 즉, 사물에 대

비로소 만물은 태어난다

한 어떤 깨달음이 있을 때 비로소 그것은 '나'에게 '존재'로서 다가올 수 있는 것이지 '나'라는 인식의 주체만으로는 사물을 보아도 본 것이 아닌 것이 된다. 따라서 중년신사가 태어나는 순간부터 '우주'가 탄생하는 것이 아니라 인식 대상의 존재에 대한 깨달음 혹은 '나'에 대한 주관성에서 벗어나는 순간, 대상으로서의 '우주'는 비로소 탄생하는 것이다.

되묻기

어느 날, 육긍대부가 남전 선생과

이야기를 나누다가 이렇게 말했다.

"승조 선생이 '천지와 나는 같은 근원에서 나왔고,

만물과 나는 하나이다'라고 했으니 대단하지 않습니까?"

이에 남전 선생은 뜰 앞에 피어 있는 꽃을 가리키며

"대부!"하고 부른 다음 이렇게 말했다.

"세상 사람들은 한 송이의 꽃을 꿈결처럼 바라보고만 있지."

비로소 만물은 태어난다

답해보라

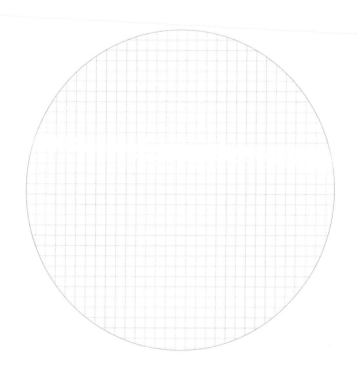

떠오르는 것

달이 뜨고

밝고 맑게 황금빛

작은 별들이 하늘에 찬란하다.

숲은 캄캄한 채 침묵하고 있다.

그리고 초원에서 놀랍게도

흰 안개가 솟아오른다.

마티아스 클라우디우스

시작과 끝

장자는 말한다. "처음이 있다고 하는 이가 있고, 처음이란 애당초 있지 않았다고 하는 이가 있고, 처음이 애당초 있지 않았다고 하는 것부터가 애당초 있지 않았다고 하는 이가 있으며, 또 있다고 하는 이가 있고 없다고 하는 이가 있으며, 있음이나 없음이 애당초 있지 않았다고 하는 이가 있고, 있음이나 없음이 애당초 있지 않았다고 하는 것부터가 애당초 있지 않았다고 하는 이가 있다." 그렇다면 처음, 즉 시작은 존재하는가? 이 물음의 답은 '시작'의 존재를 증명할 수 있는 마지막, '끝'의 존재와 연관되어 있다. 사람들은 '시작'의 '있음과 없음'에 관해 논하는 것 자체가 '시작'의 시작이며 그것이 있음의 근거가 된다는 것을 모르고 있는 듯하다. 아마도 '시작'을 인간들은 체험하지 못하기 때문일 것이다. 인간에게서의 '존재'의 시작, '태어남', 그 자체는 인간이 감각할 수 없는 '있음'이다. 결국, 인간은 '시작'의 존재를 인지하지 못한 상서 끝없이 '끝'을 향해 가고 있는 것이다. 그래서 시작은 감각되지 않는 것이지만 분명하게 존재하는 것이다.

과연 '하늘'은 시작인가? 아니면 '끝'인가? 하늘은 감각되거나 인지될 수 있는 것일까? 만약 그것이 감지되는 어떤 것이라면 그것은 시작이 아닌 끝이다. 하지만 감지되지 않는다면 그것은 '시작'이어야 한다.

　『천자문』첫 구절, '천지현황(天地玄璜)'을 해석해보자. '하늘은 검고 땅은 누렇다'고 해석되는 이 구절은 과연 하늘과 땅의 색깔을 알려주기 위한 것일까? 아니다. 분명, 하늘은 검지 않다. 만약 하늘의 색을 알려주기 위함이었다면 '청(靑)'으로 말해야 했다. 그렇다면, '황(黃)'도 역시 누렇다는 색의 의미가 될 수는 없다. 다시, '하늘은 검다'라는 것으로 돌아 가보자. 여기서 '검다'의 의미는 '끝이 없음'을 말함이다. 일상적으로 앞이 보이지 않아서 갈 길이 너무나 아득할 때, 우리는 '앞이 캄캄하다'라고 표현한다. 그렇다면 '하늘'은 끝이 없는 무한의 경지를 말함이요, 그것은 곧 감지되지 않는 '시작'인 셈이다. 그에 반해 '땅'은 '누렇다'. 그렇다면 '누렇다'는 유한적인 것, 감각되는 것으로서의 '끝'을 상징한다고 볼 수 있다.

　이제, 우리의 통념을 뒤집어 보자. 인간과 만물은 땅에서 비롯되는 것이 아니라 하늘에서 시작된 것이며 땅에서는 끝을 만날 뿐이다. 정말 그렇다. 무형의 존재, 아니 비존재로서의 하늘은 인간을 비롯한 만물의 근원이다. 늘 우리가 '하늘'을 올려다

보는 것은 '시작'점에 대한 향수이며, 언어가 고향으로 회귀하려는 본능적 행위이다. 하늘은 이상향이 아닌 우리의 시작점인 고향인 것이다. 반면에 땅은 '끝'만 존재하는 유한이다. '존재' 그 자체는 '끝'의 찰나적 순간에 지나지 않는다. '무'에서 출발(시작)하여 지금 막 종착점에 도착한 것이다. 모든 종교에서는 인간의 현실, 삶을 찰나적 순간으로 보지 않았던가. 인간들의 눈에 감지되는 지속적이며 길다고 생각되는 사건들, 그리고 감각적으로 느껴지는 모든 자연 현상의 변화는 '하늘' 즉 '무'의 관점에서 본다면, 정말 한 순간의 점일 뿐이다. 하늘이 땅을 감싸고 있듯이 '시작'도 '끝'을 품고 있다. 동시에 끝으로서의 '땅'에는 시작이었던 '하늘'의 피가 흐르고 있는 것이다.

노자는 『도덕경』에서, "없음은 천지의 시작을 이름이요, 있음은 만물의 어머니로서 이름을 갖음이다. 고로, 없음은 늘 그 미묘함을 관조할 수 있고, 있음은 그 차별됨을 관조한다. 없음과 있음은 서로 같은 것인데 이름의 존재 여부의 차이일 뿐이다. 이 같음이란 검은 것이며, 이 신묘하고 깊은 어둠 속으로 들어가면 온갖 미묘한 작용의 입구가 된다. (無名天地之始, 有名萬物之母, 故常無欲以觀其妙, 常有欲以觀其徼, 此兩者, 同出而異名, 同謂之玄, 玄之又玄, 衆妙之門.)"라고 했다.

여기서 '없음(無)'은 '시작(始)'이다. 그리고 있음(有)은 '어머니

(母)'이다. 여기서 문장을 논리적 대응 구조로 접근해 본다면, 없음과 있음이 서로 대응되는 주어라면 시작에 대응되는 단어는 '끝(終)'이어야 하므로 '母'를 끝으로 해석할 수 있다. 따라서 없음은 그 현묘함(아득함, 어둠)을 말하는 것이며, 있음은 이름으로 인해 차이가 존재하는 것을 알게 하는 것이다. 즉, 시작과 끝은 같은 것인데 그것의 구분점은 이름을 갖는 것과 그렇지 못한 것에 지나지 않는다. 없음과 있음은 동일한 것에서 나왔는데 그것이 바로 현묘함 곧 어둠이다. 결론적으로 '비 인식적 없음'과 '인식적 있음'은 '근원적 없음 곧 어둠'에서 나온 것이다.

이제 결론을 내려 보자. 시작으로서의 하늘은 '비 인식적 없음'이며, 끝으로서의 땅은 '인식적 있음'이다. 하지만 이 둘은 동일한 것으로서 언제나 함께 존재한다. 인간은 언제 시작되었는지 인식하지 못하지만 끝 속에 있고 동시에 끝 속에서 인식할 수 없는 시작이 꿈틀대고 있다는 것을 느끼며 살아 가고 있다.

나에게서 버려야 할 것과
취해야 할 것을 말해보라

던지기

나에게서 버려야 할 것과
취해야 할 것을 말해보라

어느 날 스승이 제자들에게 말했다.
"나는 어느 때는 사람을 빼앗지만 경계는 빼앗지 않고,
어느 때는 경계를 빼앗지만 사람은 빼앗지 않으며,
어느 때는 사람과 경계를 모두 다 빼앗고,
어느 때는 사람과 경계를 모두 다 빼앗지 않는다."

통찰

나는 나에게서 무엇을 빼앗아야 하는가? 무엇을 가지고 있고 무엇을 가지고 있지 않을까? 무엇을 가지고 있다면 그것은 과연 빼앗을 수 있는 것일까? 아니면 빼앗을 수 없는 것일까? 무언가를 빼앗기고 나면 '나'는 무엇이 되는가? 아무것도 없는 '나'는 과연 '나'라고 할 수 있을까? 그렇다면 이제 '나'는 '나'가 아닌 '경계'가 되는 것이리라. 그런데 궁금한 것은 '경계'만으로 세상은 존재할 수 있을까라는 것이다. '경계'도 타자로서의 '나'가 존재할 때 가능한 것이며, 그럴 때만이 존재 의미를 가질 수 있는 것이 아닐까?

논리의 대답

스승의 가르침으로 한 발짝 다가가 보자. 스승은 '사람과 경계'를 독립적이면서도 상호 불가분의 관계로 바라보고 있다. 그 가르침의 구조는 역설적 상황의 '대구' 기법으로 가르침을 받는 사람들로 하여금 혼돈 속으로 빠지게 하기 위한 것처럼 보인다. 하지만 결코 그런 의도는 없으니 차근차근 따라가 보자. "나는 어느 때는 사람을 빼앗지만 경계는 빼앗지 않고"라는 문장 속에서 '사람'과 '경계'의 의미를 먼저 파악해야 한다. 두 단어의 의미를 모른다면 나머지 문장들을 분석하는 것은 불가능하기 때문이다. 모든 단어들은 문장의 논리적 구조 속에서 언제나 새로운 의미를 가지게 된다. 그렇게 볼 때 여기서 '사람'과 '경계'는 우리가 알고 있는 의미와는 다를 수밖에 없다. '사람'이라는 단어가 사람의 사전적 의미를 갖기 위해서는 '경계'라는 단어 대신 '동물'이라는 단어가 와야 한다. 따라서 '사람'은 '동물'과의 차이로서 존재하는 단어가 아니라 '경계'라는 단어와의 호응 속에서 새롭게 만들어지는 그 무엇이 된다.

문장의 구조를 보면, '사람'과 '경계'는 대비적인 속성을 가진 단어라는 것을 파악할 수 있다. 왜냐하면 하나는 빼앗지만 다른 하나는 빼앗지 않는다고 했기 때문이다. 두 단어가 서로 다른, 혹은 대비적인 그 무엇이라는 것을 문장 구조는 말하고 있으며, 이것을 통해 '사람'이라는 단어는 '경계의 바깥'이라는 의미로 추론해 볼 수 있다. 동시에 경계의 바깥은 최소한 두 개 이상이 되어야 한다. 그럴 때만이 그것을 가르는 것으로서의 '경계'가 존재할 수 있기 때문이다. 그렇다면, 사람은 '이것'과 '저것'처럼 나누어진 그 무엇이며, '경계'는 그 어느 쪽에도 속하지 않은 즉, 그 나뉨을 초월한 것으로 보아야 한다.

이제 첫 번째 문장을 해석해보자. '사람'을 빼앗는다는 것은 '이것과 저것'으로 이원화하는 사상을 잘못된 것으로 보고 그것을 제거하는 것을 의미하며 그 대신 '경계' 즉, 이원화하지 않는 것을 보편적인 것으로 인정하고자 한 것이다.

이제 스승의 두 번째 문장을 만나 보자. "어느 때는 경계를 빼앗지만 사람은 빼앗지 않으며"라는 문장은 앞의 문장과는 모순적이다. 그렇다면 이제 중요한 것은 '어느 때'가 언제인가 라는 점이다. 앞 문장을 토대로 이것을 해석해 본다면, '이것과 저것'을 초월한, 이원화되지 않은 보편적이고 절대적인 진리를 제거하고 오히려 '사람' 즉 이것과 저것으로 나뉨이 이루어지는 현상을 취하는 것이다. 즉 보편적인 것보다 주관적인 판단이나 사상 등을 더 존중하는 때이다. 결국 앞문장과 뒷문장의 의미는 '어느 때'라는 시점의 변화로 달라진다. 이 때 첫 문장과 두 번째 문장의 '어느 때'는 '대비적인 시간'임을 염두에 두어야 한다.

다시 첫 번째 문장으로 돌아가 '어느 때'를 파악해보자. 왜 이때는 '사람'을 빼앗고 '경계를 빼앗지 않을까?' 우리가 보통 무언가를 빼앗을 때는 그것이 잘못된 것이거나 그것이 너무 지나칠 경우이다. 그리고 둘 다인 경우는 말할 것도 없이 그것을 제거하지 않으면 큰 화를 입게 된다. 그렇다면 첫 번째의 '어느 때'는 '나눔' 혹은 '선택' 혹은 '주관적 관념'이 난무하고 그것들로 인해 투쟁이 심화되면서 참된 진리가 수행의 목적에서 점점 멀어지고 있는 상황일 것이다. 따라서 오히려 이때는 그런 수많은 주관적 관념들을 잠재울 보편적 진리로서의 '경계'가 필요한 것이다. 이에 반해 '사람'을 빼앗지 않고 '경계'를 빼앗는 것은 반대 현상이 벌어지고 있는 시점이다. 개별적인 주관은 사라지고 모든 사람들이 맹목적으로 '경계'를 절대적인 것으로 맹신하고 있어 '경계'가 오히려 왜곡되는 현상을 말하는 것이다. 쉽게 말해 '신'이나 '신에 관한 말씀'을 맹종해서 그것이 절대적 실체인 양 따르는 것을 말하는 것을 말한다. 따라서 이런 '경계'를 제거하지 않으면 수행자나 사람들은 '경계'라는 초월적인 것을 현실적이며 당연히 존재하고 있는 그 무엇으로 삼는 환상에 빠지게 된다. 이럴 경우 특정한 '사람'의 가르침이나 진리가 오히려 그런 '경계'를 깰 수 있는 안내자나 도구의 역할을 할 수 있기 때문에 '사람'을 빼앗지 않는 것이다.

　세 번째 "어느 때는 사람과 경계를 모두 다 빼앗고"라는 의미는 무엇일까? 이 문장은 앞의 두 문장과 다르게 '사람과 경계'를 모두 빼앗는다. 왜 그럴까? 이것은 '어느 때' 이루어진 행위일까? 아마도 이 경우의 네 가지 '어느 때' 중에서 최악의 상황이 아닐까 생각한다. 앞 문장들의 논리로 보면, 수없이 나뉜 주관적 편견이나 이념도 문제이고 그것을 초월하는 객관적이고 보편적인 진리로서의 '경계'도 믿을 만한 것이 못 되는 상태일 것이다. 한 마디로 '이정표가 사라진 안개 속'에서 수많은 군중들이 자신의 길이 옳다고 싸우고 있는 형국이다. '사람'들은 자신의 주관 속에서 벗어나지 못하고 있고, '경계' 역시 그것이 보편적 진리인 양 가면을 쓴 채 '사람'화 됨을 이른다. '경계'가 '경계'로서의 기능이나 위엄성을 잃어버리고, 존재 자체가 무의미해지면서 '사람'들은 더 자신들의 관점이나 견해를 고수하면서 자신의 견해가 '경계'가 되기를 바라는 혼탁한 상황이다. 따라서 '사람과 경계'를 모두 빼앗는 것이 어떤 것도 존재하지 않는 최고의 상태가 될 수 있는 모순적 상황이기도 하다

　이와 반대로 네 번째 문장 "어느 때는 사람과 경계를 모두 다 빼앗지 않는다"라는 것은 스승이 가장 바라는 순간이 아닐까 생각한다. '사람'을 빼앗지 않아도 되고 '경계'도 존재할 수 있는

상황이다. 이것은 '어느 때' 가능할까? 그것은 '사람'이라는 주관적 관념이 나름의 의미를 찾아가고, '경계'로서의 보편적 진리나 사상도 대중들에게 맹종을 강요하지 않을 때일 것이다. 다시 말해 사람들은 '경계'라는 초월적인 진리나 사상을 비판적으로 수용할 수 있는 나름의 능력을 가지고 있음이요, 동시에 '경계'는 실체나 형상으로서 우상화되지 않으며, 동시에 그것에 대한 절대적 믿음의 강요 또한 사라진 상태이다. 그렇다면 '사람'의 능력에 따라 '경계'는 존재할 수도 있고 존재하지 않을 수 있는 것으로서 빼앗지 않은 '사람'들에 의해 '경계'가 존재하게 되는 이상적인 모습이 된다. 즉, 개인과 그들의 방향성을 제시해주는 초월적 진리가 극으로 달리지 않는 '사람'에 의해서 '경계'는 존재하게 되고 동시에 그 '경계'는 '사람'들을 존재케 할 수 있는 것이다.

되묻기

파초혜청 선생이 대중에게 말했다.

"너희들에게 주장자가 있으면

내가 너희들에게 주장자를 줄 것이다.

그러나 너희들에게 주장자가 없다면

내가 너희들의 주장자를 빼앗으리라."

답해보라

가장 이상한 세 단어

내가 "미래"라는 낱말을 입에 올리는 순간,
그 단어의 첫째 음절은 이미 과거를 향해 출발한다.

내가 "고요"라는 단어를 발음하는 순간
나는 이미 정적을 깨고 있다.

내가 "아무것도"라고 말하는 순간,
나는 이미 무언가를 창조하게 된다.
결국 무(無)에 귀속될 수 없는
실재하는 그 무언가를

비스와바 쉼보르스카

넘어서기

작은 것과 큰 것

과연, 무엇이 큰 것이고 무엇이 작은 것일까? 일반적으로 사람들은 '크기'를 형태적인 것에서만 비교 가능한 것이거나 수치적인 면에서만 활용되는 개념처럼 생각한다. 하지만 어디 그런가? 우리가 '크거나 작다'고 말할 수 있는 것이 얼마나 많은가? 동시에 어떤 것도 크거나 작다고 말할 수는 없지 않을까?

주희와 왕양명의 철학적 논쟁을 보자. 두 사람은 『대학』에 나오는 '한 글자'를 가지고 긴 시간 동안 논쟁 했다. 주희는 '대학지도 재명명덕 재친민 재지어지선(大學之道 在明明德 在親民 在止於至善)'에서 재친민(在親民)을 '재신민(在新民)'으로 바꾸는 것이 마땅하다고 주장했다. 그는 이어지는 〈강고(康誥)〉편에서 '백성을 새롭게 진작하라(作新民)'라는 문구에서 주장의 근거를 잡았다. 하지만 왕양면은 주희가 근거로 제시한 '작신민'에서 '신(新)'은 '스스로 새로워지는 백성(自新之民)'으로 해석하면서 주희의 주장을 일축했다.

동시에 왕양명은 '신민(新民)'을 그대로 사용해야 한다고 역설했다. 그의 주장의 근거를 『맹자』에서 찾는다. 『맹자』의 〈진심 상(盡心 上)〉편에 '군자지어물야애지이불인 어민야 인지이불친 친친이인민 인민이애물 (君子之於物也, 愛之而弗仁, 於民也, 仁之而弗親, 親親而仁民, 仁民而愛物).'이 있는데 여기서 '… 친척을 친하게 여기고서 백성을 어질게 대하며, 백성을 어질게 대하고서 만물을 아낀다.'라는 부분에서 말하는 '친(親)'과 『대학』의 '재친민(在親民)'을 같다고 본 것이다.

　닮은 듯 닮지 않은, 차이가 거의 없는 듯 보이는, 아주 '작은 차이'에 불과한 이것, '신(新)과 친(親)'의 논쟁이 왜 중요한 것일까? 이것은 성리학과 양명학의 대립의 시작점이며, 양명학이 성리학을 딛고 서 있을 수 있게 한 존재 근거로서의 '큰 것'이기 때문이다.

　나의 입장에서 본다면, 이 두 글자의 논쟁은 당대의 정치와 사회를 바라보는 관념을 재정립할 수 있는 엄청난 사건이기 때문에 너무나 '큰 것'으로 다가온다. 먼저, 주희의 '신(新)'이라는 단어는 그의 주장에서 알 수 있듯이 '가르침'이라는 뜻을 가지고 있다. 여기서 주희의 정치관을 엿볼 수 있다. 가르침이란 주체의 힘이나 영향력이 객체 혹은 대상에게 수직적 방향으로 작용해야 함을 전제로 한다. 따라서 이것은 주체, 즉 군주의 지배적 안정을 위해 백성들에게 강요되는 것으로서의 일방향적인 가르침이다. 즉 객체인 백성들을 타율적인 존재로 취급하는 동시에 백성들의 주체성을 무시하는 행위로서의 가르침이다. 이것은 인위적이고 강제적인 변화의 방식이 정치적 안정을 위해 필요한 것임을 간접적으로 드러낸 것으로 볼 수 있다. 하지만 이런 변화는 결코 지속되지도 않을 것이며, 개인적인 변화에 그칠 것이므로 결코 '큰 변화'를 이끌어낼 수는 없을 것이다.

하지만 왕양명이 주장한 '친'은 이와 다르다. '친'은 '친하다'라는 뜻이며 '가까운' 사람들끼리 서로 사랑한다는 '인(仁)' 사상이 바탕에 깔려 있다. 이것은 서로 사랑하지 않거나 싸우는 것을 멈추고, 백성들 스스로가 서로를 사랑할 때 국가의 평화가 유지될 수 있음을 말하고자 함이다.

다시 말해, 권력의 수직적 관계가 아닌 수평적 관계를 통해, 작은 존재로서의 개개인의 백성들이 '스스로' 변화를 주도해 나갈 때 그것은 정말 '큰 것'으로 변화될 수 있다는 정치관이다.

왕양명의 이런 선택이 옳았음을 『맹자』에서 찾아볼 수 있다. '관자해자 난위수(觀於海者 難爲水)'라는 말이 그것이다. 이것은 '바다를 본 사람은 물을 말하기 어렵다.'라는 말인데, 이것은 바다라는 큰 것의 변화를 아는 사람들은 작다고 생각되는 백성들의 생각을 함부로 논할 수 없는 것이라고 재해석할 수 있다. 큰 것은 곧 작은 것에서 시작되기 때문에 작은 것 속에는 이미 큰 것이 존재하고 있는데 그것을 함부로 대한다면 큰 것을 놓치게 되는 것을 경계하는 것이다.

이제 다시 처음으로 돌아가 보자. 과연 작은 것이 작은 것이며 큰 것이 큰 것인가? 어떤 것도 크다고, 혹은 작다고 말할 수 없다. 한 이야기를 들어보자.

어느 날 월암 선생이 어떤 수행자에게 물었다. "혜중이란 사람이 백 개의 바퀴살이 들어가는 수레를 만들면서, 두 바퀴를 지탱하는 굴대를 빼버렸다. 이는 도대체 무엇을 밝히고자 한 것이겠는가?" 이 물음에서 우리는 '큰 것과 작은 것'에 관해 고민해야 한다. 수레에서 가장 중요한 것, 즉 '큰 것'은 당연히 '수레바퀴'이다. 그런데 두 개의 수레바퀴를 모두 완성한 혜중의 수레는 왜 움직이지 못할까? 그것은 '큰 것'이라고 생각한 것에만 집착한 나머지 '작은 것(굴대)'이라고 여긴 것을 무시했기 때문이다. 하지만 두 바퀴를 지탱하는 '굴대'가 없으면 결코 수레는 굴러갈 수 없다.

이렇게 한 분야의 최고 권위자들도 '큰 것과 작은 것'에 관한 고정관념에서 벗어나지 못했다. '완전한 수레'라는 관점에서 보면, 어떤 기능이나 부품도 '크거나 작은 것'으로 분류할 수 없으며, 만약 그 분류에 갇혀버린다면, 수레는 영원히 굴러가지 못하는 두 바퀴로만 남게 될 것이다.

보이는 것들이 그 자체로 평가되는 것은 옳지 않다. 특히, 큰 것과 작은 것이라고 말할 수 있는 깃들은 단지 외형에 관한 통념에 지나지 않는다. 오히려 '보이지 않는 이면'이 그것들의 크기를 결정하는데 중요한 기준이 될 수 있을 것이다. 아니, 어떤 것도 '큰 것과 작은 것'의 기준으로서 존재할 수 없다고 말해야 옳을 것이다.

인간도 마찬가지이다. 어떤 사람이 크고 어떤 사람이 작은 것일까? 질문 자체가 어리석다. 그동안, 인간들은 나름의 기준으로 사람의 크기를 재단해 왔다. 그것은 기계와 동일한 '사회적 유용성'이었다. 하지만 사회의 수레바퀴가 움직이기 위해서 필요하지 않은 사람은 아무도 없다. 모두가 중요한 큰 인물이면서도 동시에 수많은 요소 중의 하나인 작은 인물이다.

세파에 흔들리지 말고
무소의 뿔처럼 걸어가라

던지기

세파에 흔들리지 말고
무소의 뿔처럼 걸어가라

보화 선생은 항상 길거리에서 요령을 흔들며 말했다.

"밝은 것으로 오면 밝은 것으로 치고, 어둔 것이 오면 어둔

것으로 치고, 사방팔면으로 오면 회오리바람으로 치고,

허공으로 오면 도리깨질로 친다."

시자가 보화 선생의 멱살을 움켜잡고

"아무것도 오지 않을 때는 어떻게 하십니까?"라고 물었다.

보화 선생이 시자를 밀치며 말했다.

"내일 대비원에서 밥을 먹을 것이다."

통찰

나에게는 무엇이 오고 있는가? 그것이 무엇이든 그것을 후려칠 무엇은 가지고 있는가? 아마도 나는 나의 곁으로 무엇이 오고 있는지도 모르고 있을 것이다. 안다고 한들 그것을 후려칠 무엇을 가지고 있지도 못하다. 서글프다. 보화 선생처럼 그냥 밥이나 먹을 수 있다면 얼마나 좋을까? 보화 선생을 보니 내가 밥을 먹는 건 '밥'을 먹는 것이 아닐지도 모른다는 생각이 든다. 보화 선생의 '밥'은 나의 '밥'과는 다르기 때문이다. 나에게 아무 것도 오지 않을 때 먹어야 하는 것이 '밥'이거늘, 나에게 수많은 것들이 달려듦에도 불구하고 그것들을 인지하지 못하거나 인지한다고 하더라도 막을 수 없는 상황에서의 '밥'먹기는 말 그대로 '밥'일 뿐이다.

논리의 대답

보화선생의 첫 번째 말들은 모두 동일한 문장구조를 가지고 있다. 그래서 해석은 그렇게 어렵지 않다. 각각의 문장 속에는 동일한 단어가 반복적으로 쓰이면서 그것들의 논리적 관계가 통념에서 벗어나는 것처럼 보일 뿐이다. 첫 번째 문장을 보자. "밝은 것으로 오면 밝은 것으로 친가."에서 우리가 눈여겨 볼 것은 '밝은 것'의 의미와 '친다'라는 동사의 역할이다. 그리고 이 문장에서 생략된 주어와 부사어도 고려해야 한다. 먼저 '밝은 것'이라는 의미를 밝혀보자. 여기서 밝은 것은 그 단어의 의미와는 다르게 긍정적인 대상이 아니다. 왜냐하면 '치다'라는 단어를 통해 제거해야 하는 대상으로 전락해버리기 때문이다.

일반적으로 밝은 것은 '환한 것'이며 깨우침의 진리로 본다. 즉, '무명'의 세계에서 벗어난 긍정성의 단어라고 생각할 수 있다. 하지만 오히려 이것은 보화선생에게 내쳐야 하는 대상일 뿐이다. 그것은 우매한 중생들이 '환한 깃'으로 쳐야한다는 것은 모순이 아닐까? 모순이 결코 아니다. 그것은 '밝은 것'의 이름으로 위장한 '밝지 않은 것'을 깰 수 있는 것이 오직 '밝은 것'뿐임을 말하고 있는 것이다. 만약, '밝은 것'을 '어둔 것'으로 깬다면 '밝은 것'은 깨지지 않을 것이다. 왜냐하면 '밝은 것'을 밝다고 믿는 사람들은 '어둔 것'들을 믿지 않기 때문에 '어둔 것'들이 자신들을 내려쳐도 자신들의 외상은 깨질지 몰라도 그들의 믿음이나 관념은 변하지 않기 때문이다. 그렇다면 꼬인 실타래처럼 보였던 보화선생의 가르침이 조금은 풀린 것 같다. 이와 동일한 논리로 다음의 문장을 접근해보자.

"어둔 것이 오면 어둔 것으로 친다."라는 이 말 역시 위의 논리와 동일하다. 그렇다면 '어둔 것'은 위의 '밝은 것'과 반대로 진리나 깨우침에 대해 무지한 상태, '무명'과 같은 것이다. 어둔 사람 즉, 무명에 빠져 있는 사람들은 자신이 어둠 속에 있다는 사실을 인지하지 못한다. 따라서 이들에게는 자신들이 얼마나 깊은 어둠 속에서 살고 있는지를 보여주는 것이 필요하다. 어둔 것을 어둔 것으로 쳤을 때 깨닫게 되는 것이 이들에게는 '밝은 것'으로의 시작이 될 수 있다. 만약 보화선생에게 '어둔 사람'들이 다가와 가르침을 얻고자 한다면, 보화선생은 '어둔 행위'와 '엉뚱한 논리'로써 그들이 모순적 행위와 거짓된 진리 속에 헤매고 있음을 스스로 깨닫게 해줄 것이다.

이번에는 세 번째 문장, "사방팔면으로 오면 회오리바람으로 친다."라는 것은 어떤 의미일까? '사방팔면'이라는 단어는 우리를 향해 일정한 방향 없이 정신없이 달려드는 온갖 다양한 형태들의 거짓된 진리의 모습이라 할 수 있다. 이것도 진리라 하고, 저것도 진리라 하여 진리와 유사한 형태를 가진 온갖 것들이 진리의 가면을 쓰고 날뛰는 형국이다. 이렇게 되면 중심을 잡는 진리나 깨달음은 묻혀 버리고 거짓된 진리들만이 판치는 무서운 세상이 되어 버린다. 거짓된 진리들이 너무 많아서 하나씩 대응하는 것은 결코 가능하지 않다. 하나를 깨부수는 순간 다른 것들이 이미 중심의 자리를 꿰차고 들어와 있기 때문이다. 그래서 이것들은 한 번에 제거해야 하는데 그것이 바로 '회오리바람'이다. 방향성이 없는 회전 운동, 그것은 동서남북의 방향성을 모두 안을 수 있고 동시에 방향성을 제거해버릴 수 있는 것이다. 다양한 방향에서 다가오는 거짓된 진리들의 허리를 잘라서 방향성을 잃게 한 후 중심 기압 쪽으로 모아 멀리 날려버리는 것이 회오리바람이다. 즉, 방향성은 방향성 없음 혹은 그것들을 모두 휘어잡을 수 있는 반대 방향의 운동성으로 제압해야 한다.

마지막 문장이 가장 의미심장하다. "허공으로 오면 도리깨질로 친다"라는 문장에서 '허공으로 온다'라는 의미를 이해하기 위해서는 앞의 문장 '사방팔면으로 온다'와 논리적으로 호응시켜야 한다. '사방팔면'이라는 것은 어디를 봐도 보이는, 어디에도 늘 존재하고 있는, 너무도 명백한 것들이 흔하게 혹은 당연하게 우리의 곁에 이미 와 있는 경우를 말함이다. 하지만 '허공'은 이와 대비적으로, 어디에서도 볼 수 없고, 존재하지도 않는 것들이 혹은 인식할 수 없는 것들이 우리에게 다가오고 있거나 혹은 다가와서 우리 안에 들어 앉은 것을 말함이다. 즉 '허공'으로 오는 것은 '사방팔면'과 대조적으로 우리가 감각적으로 접할 수 없지만 무의식적으로 갖게 되는 잘못된 진리나 깨달음인 것이다. 이것을 깨부수기 위해서는 '도리깨질'이 필요하다. 여기서 도리깨는 하나의 중심축에 연결된 여러 방향의 나뭇가지들이 허공을 가르며 무언가를 내리치는 도구이다. 하나의 중심 축, 참된 진리나 깨우침을 기준으로 헛된 것들을 깨치기 위해서는 쉬지 않고 쓸어내는 노력이 절대적으로 필요하다. 즉 이것은 거짓된 것이 보이지 않을지라도, 거짓된 것들의 침범 가능성을 항상 경계하고, 나도 모르게 내 안에 깃든 거짓된 것을 털어내야 하는 수행을 말함이다.

이제 보화 선생의 마지막 가르침으로 들어가보자. "아무 것도 오지 않을 때는 어떻게 합니까?"라는 질문과 "내일 대비원에서 밥을 먹을 것이다."라는 답변은 앞에 네 문장의 귀착점이다. 보화 선생을 골탕 먹이려고 대들었던 시자의 질문이 오히려 보화 선생에게 가장 큰 가르침의 문을 열게 했으니 이것이야말로 우문현답이다. 시자의 질문, '아무 것도 오지 않는다'는 것은 '칠' 대상이 없는 경우이다. 그렇다면 이것은 거짓된 진리나 어설픈 깨달음이 없는 상태이거나 아무도 어떤 것이 진리라고 내세우지 않는 상태이다. 진리나 거짓 그 자체가 없는 것으로서 가장 이상적인 모습이라 할 수 있다. 따라서 쳐야 할 대상이 사라진 상태에서는 그것을 칠 방편도 사라지게 된다. 결국 '대비원에서 밥을 먹는' 행위는 아무 것도 치지 않는 행위이다. 즉 아무 것도 존재하지 않는 것, 진리가 무엇이라고 고집스럽게 자신이나 우리를 옥죄지 않는 상태야 말로 편안하게 밥을 먹을 수 있는 시간이다. 진리 추구의 목적에 구속되지 않는 상태가 세끼 밥을 먹는 것과 같은 순리적 행위이다. 이것을 깨닫지 못한다면, 우리는 '회오리 바람'과 '도리깨질'을 하느라 밥 먹을 틈이 없을 것이다.

되묻기

한번은 전강이 혜봉 선생을 찾아가서 물었다.

"조주 선생의 무자(無子)의 뜻을 천하 선지식들이 반도 말하지
못했습니다. 선생께서 무자의 뜻을 반만 일러주십시오."

혜봉 선생이 답하였다.

"무(無)!"

전강이 말했다.

"그것이 어찌 반이 될 수 있습니까?"

혜봉 선생이 말했다.

"그러면 어떻게 이르면 반이 되겠는가?"

이에 전강이 말했다.

"무!"

답해보라

떠오르는 것

지고의 바람

내가 그가 죽는 것을 본 것처럼

죽는다는 것-

신적인 시선과 빛으로

내 젊음의 어둠을 밝혀준

쾌활하고 깊이 있는 친구

무용가의 전투에서-

전사들 가운데 가장 민첩하고

정복자들 가운데 가장 까다롭고

운명, 그의 운명 위에 우뚝 선

견고하고, 사려 깊고 미래를 향해 돌아 있는-

정복하면서 떨면서

죽으면서 정복하는 것을 기뻐하면서-

자신의 죽음으로 칙령으로 만들면서-

파괴의 칙령을….

내가 그가 죽은 것을 본 것처럼

죽는다는 것

승리자, 파괴자…

니체

기다림과 달려감

'잘 살다'는 부사가 동사를 수식하는 동사구이다. 그리고 '잘 살다'는 부사와 동사가 합성된 동사이다. 이것들은 늙은이와 젊은이라는 명사로 바꿔도 무리가 없을 것이다. 하지만 여기서 늙은이와 젊은이를 단순히 나이를 기준으로 삼는 이분법적인 체계로 볼 필요는 없다. 나이가 적은 사람들이 늙은이가 될 수도 있고, 나이가 많은 사람이 젊은이가 될 수도 있기 때문이다. 따라서 늙은이와 젊은이는 사고 방식과 그들의 행위에 따라 구분되는 명사들로 간주하는 것이 타당할 것이다. 다시 말해, 늙은이와 젊은이를 '기다림과 달려감' 혹은 '냉정과 열정'이라는 명사로 대체해도 무방하리라. 아니면 단순히, X와 Y라는 기호로 명명해도 된다. X와 Y에는 긍정과 부정의 속성을 내포하고 있지 않듯이 늙은이와 젊은이라는 명사들도 마찬가지이다. 이것들은 인간들이 나름대로 갖고 있는 '삶과 죽음'에 관한 이원적 분류일뿐, 그 이상도 이하도 아니다. 단지, 동일한 세계, 즉 동시대와 동일 공간 속으로 모순적으로 결합하고 있는 대립항의 사고방식과 행위들에 관해 '관찰하는 자'와 '관찰되는 자'의 관점에 불과하다.

"우린 여기서 뭘 하고 있는 걸까. 그래, 이걸 생각해봐. 그걸 알 기회가 왔어 그래, 이 엄청난 혼돈 속에서 분명한 건 딱 하나야. 우리는 고도가 오기를 기다리고 있다는 사실…. 아니면 밤이 되었다는 것. 우린 약속이 있고 그게 다야. 우리는 성자는 아니지만 약속이 있어. 이렇게 말할 수 있는 사람이 얼마나 될까?"

블라디미르와 에스트라공은 『고도를 기다리며』에서 누군지도 모르는 '고도'를 마냥 기다린다. 늙은이다. 기다린다는 것도, 반드시 온다는 약속도, 누구와 하지 않았다. 하지만 '약속의 부재'는 어떤 약속보다도 강한, 전체와의 약속이다. 마치 신과 인간이 어떤 것도 약속하지 않았지만 믿음과 도덕으로 무한정 신을 기다리는 인간들처럼 말이다.

기다리는 것이 무엇인지도 모르면서, 온다는 어떤 근거나 확신도 없는 상태에서 기다리는 것. 이것은 정말 힘든 일이다. 하지만 기다림을 아는 사람들에게는 미지의 이 시간이 오히려 평온을 가져다준다. 기다림은 늙은이를 괴롭히지 않는다. 기다림의 초조함과 대상에 대한 낙낙한 믿음은 오히려 늙은이의 시간을 건강하게 만들어준다.

만약, 블라디미르와 에스트라공과는 반대로 기다리지 못하고 대상을 향해 달려가는 이들이 있다면, 그들은 젊은이다. 대상이 어디에 있는지, 그가 누군지도 모른 채 그들은 무작정 달려간다. 이들에게 기다림은 고통이다. 그들은 달려감으로써 넘치는 자유를 확인하는 반면, 달림을 멈추는 순간에는 불안을 느끼게 된다. 그래서 그들은 대상을 향해 무조건 달려가야 한다. 그렇게 그들은 현재에서 달아나 미래에 자신의 영혼을 내맡긴다. 그들은 어떤 약속도 믿지 않는다. 약속이 실행되지 않을 것에 대한 불안, 그것에 대한 순간적인 자기 위안에 지나지 않으며, 그것은 오히려 믿음을 하찮게 만드는 거짓된 행위라고 생각하기 때문이다. 그래서 그들은 어떤 약속도 하지 않는다. 미래의 어떤 가능태와도 약속하지 않았지만, 약속보다 더 강한 의지만으로 앞으로 달려갈 뿐이다.

『나르치스와 골드문트』의 한 대목을 보자. "무섭니? 뭔가를 알아냈어? 그래, 이봐, 세상은 죽음으로 가득 차 있어. 온통 죽음뿐이야. 울타리마다 죽음이 걸터앉아 있고, 나무마다 그 뒤엔 죽음이 도사리고 있지. 그러니 너희들이 담장을 쌓아 올리고, 기숙사와 예배당과 교회를 지어도 아무 소용없다고. 죽음은 창문 안쪽을 훤히 들여다보면서 웃고 있지." 이렇게 늙은이들은 젊은이들에게 외친다. 달려가지 않아도 기다리면 이렇게 '죽음'이라도 온다고. 기다림은 사막 위에서 붉게 핀 선인장처럼, 누군가를 위해 존재하는 것이 아니라 근원적 기다림의 대상, 죽음을 그리워하는 것이리라.

언제 만날지 모르는 그 대상을 위해 모래 같은 시간을 조용히 끌어안고 과거에 떠밀려 과거가 될 시간 속으로 걸어 들어가는 것이다. 그래서 그들의 발걸음은 느리거나 혹은 뒷걸음질치기도 하며 방향 없이 휘청거린다. 그래, 이것이 늙음이다.

사막 위에서는 달릴 수 없다. 달리다 보면, 오히려 모래의 수렁 속으로 빠져들기 때문이다. 하지만 그 보다 근원적인 이유는 달려갈 대상을 찾을 수 없거나 대상으로 향할 방향이 존재하지 않기 때문이다. 사막에는 목적으로서의 대상도, 나침반이 가리키는 방향도 존재하지 않는다.

그래서 젊은이들은 사막에 오지 않는다. 그들은 벌과 나비그리고 꽃들이 넘치는 도시로 달려간다. 도시에는 과거가 만든확실한 길이 있기 때문에 길 잃을 이유가 없다. 단지, 정해진 방향과 그 길 끝의 대상을 향해서 달려가기만 하면 된다. 사막 위의 낙타처럼 쉬어갈 일도 없다. 그냥 앞만 보고 달리면 된다. 그것만이 그들이 삶을 이어갈 수 있는 유일한 방법이다. 숨 가쁘게 달려야만, 그리고 한 방향으로 달려야만 타인보다 더 가까이 미래를 끌어당길 수 있다. 이것이 젊음이다.

낯선 곳을 떠돌다 이제 친숙한 곳으로 돌아온 귀향자, 그 이름은 늙은이. 그들은 차가운 술잔을 기울인다. 술안주는 눈물로 키워온 사막의 선인장 가시처럼 푸념과 우울이 돋아난다. 하지만 어떤 늙은이는 미소를 짓기도 한다. 먼 길에서 돌아온 직후, 냉정을 얻었기 때문이리라. 늙은이에게 냉정은 차가움이 아니라 뜨겁지 않음이다. 그것은 인간들의 숲에서 빠져 나와 적게 움직이고, 적게 말하면서 많은 것을 얻을 수 있는 힘이다. 자신이 키워 온 가시를 담담히 바라보며, 방랑자들에게 어떤 이유도 묻지 않고 무한히 받아주는 오아시스, 그것이 냉정이다. '잘살기' 위해 필요한 것이 냉정이라는 것을 그들은 안다.

　하지만 이 도시 저 도시 혹은 미래의 낯선 곳을 정신없이 달리거나 방랑하는 것, 그것은 열정이다. 그것은 붉은 장미에 돋아난 가시다. 꽃잎이 붉어지는 만큼 가시는 커지고 날카로워진다. 욕망이 뚜렷해지면서 타인을 찔러야 하는 고통의 역습이 열정인 것이다. 그들은 뜨거운 커피 잔에 장밋빛 입술을 맞춘다. 쓴 커피를 마시면서도 향에 취한 듯 노래한다. 커피에는 붉은 장미꽃이 가시로 녹아 있다. 그래서 커피를 마실수록 가시는 그들의 가슴을 붉게 찌른다. 하지만 그들에게 상처는 두려운 것이 아니다. 그들은 다시는 돌아오지 않을 듯, 돌아올 일이 없을 것이라고 확신하는 듯, 밖으로만 달려간다. 오직 '잘살기' 위해 필요한 열정, 그것이 사라질까 두려울 뿐이다.

기다림이 부재하는 '잘사는' 세상에서 젊은이들은 자신만의 글을 쓰지 못한다. 단지 끝없이 무언가를 읽을 뿐이다. 내일이 두려워 양식을 모으기만 하는 개미들처럼. 하지만 늙은이들은 뒤늦게 만난 '잘 사는' 기다림의 세상에서 그들만의 글을 쓴다. 마치 자신의 몸속에서 실을 토해내는 누에고치처럼 말이다. 그들에겐 읽을 책이 더 이상 존재하지 않는다. 이미 자신의 삶이 책이 되었기 때문이다.

글을 마치며

이제 내게 남은 건 산후우울증 뿐이리라. 더 이상이 내 것이
아닌, 그래서 누구의 것이 되기 위해 걸어가는 '모순 공부'의 뒷
모습이 나를 외롭게 만들 것이다. 3년 동안 '모순'은 나와 함께
살아왔다. 나는 내 속에서 '논리의 피'를 먹으며 단단하게 자라
는 '모순'을 느낄 때마다 행복했다. 스승의 칼날 같은, 하지만 제
자에게는 마냥 모순으로만 보이는 그런 질문과 대답들 속에서
나는 나만의 길을 찾아 헤맸다. 그리고 내가 나만의 길을 찾았
다고 생각했을 때, 모순은 이미 내가 되어 있었다. 그러자 세상
은 온통 모순이 되어 내게로 걸어왔다. 그때, 나는 알았다. '벙

어리만이 거대한 목소리로 진리를 외칠 수 있고, 귀머거리만이 만 리 밖의 진실을 들을 수 있다'는 사실을. 그래서 '모순 공부' 속에 차려진 무질서한 언어의 춤과 혼돈을 노래하는 시들, 그리고 생소한 질문의 맛을 한 번쯤 즐겨봐도 좋으리라. 낯설다고 외면하기보다는 '논리의 길'을 따라 천천히 걷다보면, 인생의 간이역에서 웃으며 기차를 기다릴 수 있을 것이기 때문이다.

최인호

참고문헌

선문선답, 조오현 편저, 장승

벽암록, 조오현 역해, 불교시대사

무문관, 조오현 역해, 불교시대사

임제록, 조광스님 강설, 모과나무

선문답의 세계와 깨달음, 자명 , 민족사

모순수업

인생을 묻는 이에게 건네는 질문과 대답

지은이 | 최인호
펴낸곳 | 마인드큐브
펴낸이 | 이상용

출판등록 | 제2018000063호
이메일 | eclio21@naver.com
전화 | 031-945-8046
팩스 | 031-945-8047

초판 1쇄 발행 | 2024년 11월 11일
ISBN | 979-11-88434-84-8 (03100)

* 이 도서는 2018년 나무나무 출판사에서 출간된 〈모순수업〉의 개정판입니다.